自动化革命：
工业机器人与现代物流

李国辉　黄少彪　付海茹　◇著

中国商业出版社

图书在版编目（CIP）数据

自动化革命：工业机器人与现代物流 / 李国辉，黄少彪，付海茹著. -- 北京：中国商业出版社，2024.9.
ISBN 978-7-5208-3074-4

Ⅰ.F252

中国国家版本馆 CIP 数据核字第 20249TB841 号

责任编辑：王　彦

中国商业出版社出版发行

（www.zgsycb.com　100053　北京广安门内报国寺 1 号）

总编室：010-63180647　编辑室：010-63033100

发行部：010-83120835 / 8286

新华书店经销

廊坊市博林印务有限公司印刷

*

710 毫米 ×1000 毫米　16 开　12.5 印张　209 千字

2024 年 9 月第 1 版　2024 年 9 月第 1 次印刷

定价：58.00 元

* * * *

（如有印装质量问题可更换）

作者简介

李国辉，男，中共党员、副教授、江西省高级"双师型"教师，毕业于湖北工业大学机械工程专业，现任共青科技职业学院科研处副处长，江西省李国辉智能制造技能大师工作室领办人，擅长机械类计算机辅助设计与制造教学。

黄少彪，男，现就职于共青科技职业学院，专职教师、科研负责人。毕业于泰国博仁大学教育管理专业，硕士研究生学历，主要研究方向为机械工程跨学科课程设计与教学方法创新。

付海茹，女，汉族，1985年11月出生。现就职于共青科技职业学院，助理工程师，主要研究方向为工业机器人、现代物流。

前言

这是一个前所未有的变革时代,技术的快速进步正深刻影响着全球的制造和物流产业。《自动化革命:工业机器人与现代物流》一书旨在引领读者深入了解工业机器人技术和现代物流自动化的融合发展。我们将通过本书从历史背景出发,追溯早期自动化设备的起源,探讨第一代工业机器人设计与应用的历程。在此基础上,再逐步深入分析机器人技术的核心原理、编程操作及其在制造业中的广泛应用,涵盖汽车、电子产品制造和重工业等多个领域。

现代物流自动化作为本书的另一大重点,详细探讨了仓库管理、自动化拣选、运输与配送等关键技术和系统,展示了自动化技术在物流领域的深远影响。同时,本书特别关注机器人与人类劳动力的交互,深入分析协作机器人(Cobots)、相关安全标准以及人机交互对劳动力市场的变革。

在全球视野下,本书探讨了国际市场的动态、全球供应链自动化的挑战以及国际合作与标准制定的重要性。最后,我们将展望自动化技术的创新趋势,特别是人工智能、无人驾驶车辆与无人机在物流中的应用,以及可持续性与环境影响。

《自动化革命:工业机器人与现代物流》不仅是理解工业机器人与现代物流自动化发展的一本重要参考书,更是探索未来自动化趋势的指南。无论是从事相关领域的专业人士,还是对自动化技术充满兴趣的读者,都能在本书中找到宝贵的知识和启示。让我们一同踏上这场充满机遇与挑战的自动化革命之旅,共同迎接智能时代的到来。

目 录

第一章　工业机器人的历史与发展
早期自动化设备的起源　　　/1
第一代工业机器人的设计与应用　　　/10

第二章　工业机器人在制造业中的应用
汽车行业　　　/17
电子产品制造　　　/28
船舶行业　　　/36

第三章　机器人技术的核心原理
机械结构与运动控制　　　/43
传感与数据获取　　　/56

第四章　机器人编程与操作
编程语言与接口　　　/69
运营效率与优化　　　/77

第五章　机器人与人类劳动力的交互
协作机器人　　　/85
人机交互与安全标准　　　/93
劳动力市场的变革　　　/108

第六章　现代物流自动化
仓库管理系统　　　/114
自动化拣选技术　　　/125
运输与配送自动化　　　/132

第七章　全球视野下的自动化与物流
  国际市场的动态　　　　　　　　/141
  全球供应链的自动化挑战　　　　/147
  国际合作与标准制定　　　　　　/152

第八章　创新技术与未来趋势
  人工智能在物流自动化中的应用　/160
  无人驾驶车辆与无人机的物流应用　/169
  可持续性与环境影响　　　　　　/177

后　记　　　　　　　　　　　　　　　　/188

参考文献　　　　　　　　　　　　　　　/189

第一章　工业机器人的历史与发展

　　工业机器人技术的演变是现代制造业和物流行业的重要支柱，其发展历程充满了创新与突破。从早期简单的自动化设备到如今复杂的智能机器人，技术的进步不断推动着生产效率和精度的提升。在本章中，我们将回顾工业机器人发展的历史，探索其源起和早期应用的关键节点。我们还将探讨早期自动化设备的起源，了解那些奠定了现代机器人技术基础的机械装置和自动化系统。这些早期的设备虽然简单，却在工业自动化史上占有重要地位，但为后来的机器人发展提供了宝贵的经验和技术积累。接下来，我们将深入分析第一代工业机器人的设计与应用。20世纪中叶，第一代工业机器人诞生并迅速在制造业中得到应用，这标志着一个全新时代的开启。这些早期机器人虽然功能有限，但它们在汽车制造、电子装配等领域展现了巨大的潜力，成为现代工业机器人的前身。通过本章，读者将全面了解工业机器人从起步到初步成熟的历史进程，掌握早期自动化设备和第一代工业机器人的设计原理与应用实例，为深入理解后续章节中更为复杂的机器人技术奠定基础。让我们一同踏上这段充满探索与创新的历史之旅，见证工业机器人发展的每一个重要时刻。

早期自动化设备的起源

　　自动化设备的发展起源可以追溯至工业革命初期。随着机械装置和自动化控制系统的不断创新，早期自动化设备逐步走向成熟，极大地推动了生产效率和制造精度的提升。在本节中，我们将深入探讨自动化设备的起源，从最初的动力织机到存储程序自动化设备的发明，详细解析这些设备在工业革命中的关键角色及其对现代工业自动化技术的深远影响。通过回顾这一段充满创新与突破的历史，我们可以更好地理解现代自动化设备的基础和演变过程。

一、机械装置的诞生

机器（machine）是由零件组成的执行机械运动的装置，用来完成有用的机械功或者转化成机械能。机构（machanism）是由多个构件组成，能实现预期的机械运动。例如，在内燃机的结构图中曲轴、连杆、活塞和气缸组成了连杆机构；凸轮、顶杆和汽缸体组成了凸轮机构。由此可见一部机器由一种或者多种机构组成。强调一下机器实现的是能量的转化，而机构实现的是力与运动的转变。但是从运动的观点来讲，机器和机构并无差别。习惯上用"机械"（machinery）一词作为机器和机构的总称。

（一）世界机械发展的四个阶段

世界机械的发展史与人类文明的发展史紧密相连，这里有必要简单介绍一下。根据人类文明发展，世界机械的发展史可以分为四个阶段：第一个阶段发生在200万年前至50万年前的这一阶段称为原始阶段；第二个阶段发生在公元前7000年至18世纪初为古代机械发展阶段；第三个阶段是从18世纪中叶到20世纪初为近代机械发展阶段；第四个阶段是20世纪初到现代为现代机械发展阶段。

1. 原始机械发展阶段

在人类历史的长河中，发生了几次决定人类命运的大革命。第一次革命发生在200万年前至50万年前，人类学会使用了最简单的机械——石斧、石刀之类的天然工具，劳动造就了人，人类发现并使用了火，食用熟食使人类更加聪明，而且延长人类的寿命。

2. 古代机械发展史

根据考古学家研究发现公元前7000年，巴勒斯坦地区犹太人建立杰里科城，城市文明首次出现在地球上，最早的车轮或许就是此时诞生的。公元前4700年，埃及巴达里文化进入青铜器时代，那时出现了搬运重物的工具，有滚子、撬棒、滑轮和滑橇等，在建造金字塔时就使用了这类工具。公元14世纪以前，我国的发明创造在数量、质量上以及发明时间上都是领先的。例如四大发明，指南车（利用齿轮传动系统，根据车轮的转动，由车上木人指示方向，不论车子转向何方，木人的手始终指向南方），等等。15世纪后，以英国、法国为代表的西方国家开始发展自然科学，兴办大学，培养人才。1698年英国的萨弗里制成第一台实用的用于矿井抽水的蒸汽机——"矿工之友"。

3. 近代机械发展史

18世纪英国发生的技术革命，是技术发展史上的一次巨大革命，它开创了以机器代替手工工具的时代。这不仅是一次技术改革，更是一场深刻的社会变革。这场革命是以工作机的诞生开始的，以蒸汽机作为动力机被广泛使用为标志的。在这一时期内，英国的瓦洛和沃恩先后发明球轴承；英国的威尔金森发明较精密的炮筒镗床，这是第一台真正的机床——加工机器的机器。它成功地用于加工汽缸体，使瓦特蒸汽机得以投入运行；英国的卡特赖特发明动力织布机，完成了手工业和工场手工业向机器大工业的过渡；英国的威尔金森建成第一艘铁船；英国的圣托马斯发明缝制靴鞋用的链式单线迹手摇缝纫机，这是世界上第一台缝纫机；德国的德赖斯发明木制、带有车把、依靠双脚蹬地行驶的两轮自行车；美国的奥蒂斯设计制造单斗挖掘机械。

1870年以后，科学技术的发展突飞猛进，各种新技术、新发明层出不穷，并被迅速应用于工业生产，大大促进了经济的发展。这就是第二次工业革命。当时，科学技术的突出发展主要表现在三个方面，即电力的广泛应用、内燃机和新交通工具的创制、新通信手段的发明。在这一时期内，美国发明家爱迪生发明了电灯；德国机械工程师卡尔·本茨制成第一辆汽车；电话、飞机等这些重要的使用工具被发明出来。

4. 现代机械发展史

20世纪60年代以来，一大批逐步形成的高技术群体，如微电子技术、信息技术、自动化技术、生物技术、新材料技术、新能源技术、空间技术、海洋开发技术、激光和红外技术、光纤技术等与之前发展起来的机械结合起来，渗透经济、军事各个领域，速度之快令人咋舌。例如：我们平时使用的手机用的是通信技术、微电子技术和机械技术的结合；试管婴儿是生物技术与机械技术的结合、太空探索是空间技术和机械技术的结合，等等。

（二）世界机械发展的趋势

1. 未来机械的发展越来越离不开计算机来设计和控制精度

例如，制作一个凸轮，用图解法来设计没有精度，用解析法来设计计算极其麻烦，而且手工加工凸轮误差太大，这样设计出来的成品在20世纪来说不算落后，但是对于21世纪来说精度明显不够，因此用计算机辅助技术解析来代替人为解析就能达到精度要求，无论凸轮多么复杂。

2. 未来机械离不开智能化

智能化只能依赖软件来实现。例如，《机械帝国》里面的智能机器人，这是机械和软件的完美结合，机械中要把握自由度的控制，软件要把握程序语言的设计。

3. 未来机械还在于其微型化

纳米技术在机械中的使用会变得很重要，可以想象，搞军事侦察的时候如果用纳米技术制作的微型侦察器放在敌军指挥中心那会是什么结果。

4. 机械还会与新材料结合起来

在航天、航海等这些对材料本身有要求的领域，也离不开材料机械的发展。

5. 机械还会朝着节约能源、新能源和减少污染等方面发展

人类的物质生活是发展起来了，同时地球温度在上升，空气中的污染在加重，近年来的地震、火山、海啸等自然灾害频繁发生无不与能源的过度开发和使用、对环境的污染有着直接或间接的影响。

二、自动化机械工具的发展

19世纪初，自动化机械工具的出现进一步推动了制造业的发展。1801年，美国发明家埃利·惠特尼（Eli Whitney）开发了可互换的标准化零件生产方法，并引入了自动化机械工具，这一技术在枪支制造中得到了广泛应用。惠特尼的创新使得零部件的生产更加高效和精准，奠定了现代机械制造的基础。

（一）可互换零件的理念

在惠特尼之前，制造业主要依赖于手工艺人制作零部件，这导致了零部件的一致性差和生产效率低下。每个零部件都是独特的，难以互换使用。惠特尼引入了可互换零件的理念，即生产标准化的零部件，使其在不同的设备中可以互换使用。这一理念不仅提高了生产效率，还显著减少了维修和组装的难度。

（二）标准化零件生产方法

惠特尼的标准化零件生产方法包括两大关键步骤：标准化设计和机械化生产。首先，通过详细的设计规范，确保每个零部件的尺寸和形状完全一致。其次，利用精密的机械工具进行大规模生产，确保零部件的高一致性和高精度。

这一方法在制造业中的应用，尤其是在枪支制造中的应用，取得了显著

成效。惠特尼利用自动化机械工具生产的标准化零部件，使枪支的生产和维护变得更加简便和高效。士兵在战场上可以快速更换损坏的零部件，大大提高了作战效能。

（三）自动化机械工具的应用

惠特尼的自动化机械工具不仅限于枪支制造，还在其他工业领域得到了广泛应用。在纺织工业中，自动化机械工具被用来生产标准化的纺织机械零部件，提高了纺织机械的生产效率和质量；在机械制造业中，自动化机械工具被用来制造各种精密零部件，推动了整个工业体系的标准化和规模化生产。

这些自动化机械工具包括车床、铣床、钻床等，它们可以在相同的规范下批量生产出精度极高的零部件。这些工具不仅提高了生产速度，还显著降低了生产成本，为工业化生产奠定了坚实基础。

（四）自动化机械工具的发展和创新

随着技术的不断进步，自动化机械工具也在不断发展和创新。19世纪末、20世纪初，数控机床（CNC）和自动车床的出现，使得机械加工的自动化程度进一步提高。数控机床利用计算机控制机械加工过程，实现了更高的精度和更复杂的加工工艺。自动车床则可以在无人值守的情况下自动加工零部件，大大提高了生产效率。

这些创新推动了机械制造业的快速发展，使大规模生产和复杂零部件的制造变得更加可行。同时，自动化机械工具的发展也促进了其他领域的技术进步，如航空航天、汽车制造和电子工业等。

（五）自动化机械工具对制造业的影响

自动化机械工具的发展对制造业产生了深远影响。它大幅提高了生产效率和产品质量。通过自动化机械工具，可以实现高精度、大规模的零部件生产，显著降低了生产成本。另外，它推动了制造业的标准化和规模化生产。通过标准化零部件的生产，制造企业可以实现大规模、流水线式的生产，提高了生产的灵活性和适应性。

自动化机械工具的发展也促进了劳动力市场的转型。虽然自动化设备减少了对手工技艺的需求，但也创造了大量新的就业机会，如机械操作、维护和编程等职位。这种转型为工业化社会的发展提供了必要的人力资源支持。

自动化机械工具的发展是制造业历史上的一个重要里程碑。惠特尼的标准化零件生产方法和自动化机械工具的应用，不仅提高了生产效率和产品质量，还推动了制造业的标准化和规模化生产。随着技术的不断进步，自动化机械工具的应用范围和复杂性不断扩大，为现代工业的持续发展提供了强大的技术支持。自动化机械工具的创新和发展，不仅改变了制造业的面貌，也为其他工业领域的发展奠定了坚实的基础。

三、自动化控制系统的雏形

随着机械装置的复杂性增加，自动化控制系统的需求也逐渐显现。19世纪中叶，詹姆斯·瓦特（James Watt）和马修·博尔顿（Matthew Boulton）合作开发的蒸汽机调速器，是早期自动化控制系统的一个典型例子。这个调速器利用离心力的原理，通过调节蒸汽供给来控制机器的速度，实现了对系统初步的自动化控制。

（一）蒸汽机调速器的背景

在工业革命初期，蒸汽机作为主要动力源，广泛应用于各种机械设备中。然而，蒸汽机的速度和功率难以稳定控制，影响了机械设备的运行效率和安全性。为了解决这一问题，自动化控制系统的需求逐渐显现，蒸汽机调速器便在这种需求背景下应运而生。

（二）调速器的原理

瓦特和博尔顿设计的蒸汽机调速器利用离心力原理，通过一个简单而巧妙的机械装置来控制蒸汽机的速度。调速器由一个垂直轴和两个旋转的重锤组成。蒸汽机运行时，轴带动重锤旋转。随着转速的增加，离心力使重锤向外移动，通过杠杆机构连接到蒸汽阀。

当蒸汽机的速度过高时，离心力使重锤远离轴心，杠杆机构关闭部分蒸汽阀，减少蒸汽供给，从而降低速度；反之，当速度过低时，重锤靠近轴心，蒸汽阀打开更多，增加蒸汽供给，提升速度。通过这种方式，调速器能够自动调节蒸汽机的速度，保持稳定的运行状态。

（三）调速器的影响

蒸汽机调速器的发明和应用，标志着自动化控制系统的初步形成，对工业生产产生了深远的影响。因为调速器显著提高了蒸汽机的运行效率和稳定性。自动调节蒸汽供给，使得蒸汽机能够在不同负载条件下保持恒定的速度，保证机械设备的平稳运行。

调速器的应用大幅提升了蒸汽机的安全性。在没有调速器的情况下，蒸汽机容易因速度失控而发生危险事故。通过调速器自动调节速度，减少了这些风险，提高了工业生产的安全水平。

（四）自动化控制系统的发展

蒸汽机调速器的成功应用，为后续自动化控制系统的发展奠定了基础。19世纪末、20世纪初，随着电气工程和电子技术的发展，自动化控制系统逐渐从机械式控制向电气式、电子式控制过渡。这一过程中，许多新技术和新装置相继涌现，如继电器、自动开关和早期的电子控制器等。

这些新技术的应用，使得自动化控制系统的精度和响应速度进一步提高，控制对象也从单一的蒸汽机扩展到各种复杂的工业设备和生产过程。例如，在电力系统中，自动控制设备用于调节发电机和输电线路的运行状态；在化工生产中，自动化控制系统用于精确控制反应釜的温度、压力和反应物浓度。

（五）自动化控制系统的影响

自动化控制系统的发展，对工业生产和社会进步产生了深远的影响。自动化控制系统提高了生产过程的效率和精度，使得大规模、连续化生产成为现实。通过自动化控制，工厂可以在无人值守的情况下运行，显著降低了劳动成本，提高了生产效益。

自动化控制系统提高了产品质量。自动控制设备能够精确调节生产参数，减少人为操作的误差和波动，提高了产品的一致性和稳定性。在制造业中，数控机床的应用使得复杂零部件的加工精度大幅提升，推动了高端制造业的发展。自动化控制系统还提高了生产的安全性和可靠性。自动控制设备能够实时监测和调节设备运行状态，及时发现和处理异常情况，防止事故发生。在核电站中，自动化控制系统负责调节反应堆的运行状态，确保其安全稳定运行。

蒸汽机调速器作为早期自动化控制系统的典型例子，展示了自动化控制技术在工业生产中的巨大潜力。瓦特和博尔顿的创新设计，不仅解决了蒸汽机速度控制的问题，还为后续自动化控制系统的发展提供了重要启示。随着技术的不断进步，自动化控制系统在各个工业领域得到了广泛应用，推动了生产效率和产品质量的提高，显著提高了工业生产的安全性和可靠性。自动化控制系统的发展，标志着人类工业技术从机械化向智能化的迈进，为现代工业革命奠定了坚实的基础。

四、存储程序自动化设备的出现

20世纪初，自动化技术进入了一个新的阶段，存储程序自动化设备的出现成为这一时期的重要标志。1892年，美国发明家赫尔曼·霍勒里斯（Herman Hollerith）发明了打孔卡片机，用于美国人口普查的数据处理。打孔卡片机的发明标志着信息处理自动化的开始，为后来的计算机技术和工业自动化奠定了基础。

（一）打孔卡片机的背景

19世纪末，美国人口迅速增长，传统的人口普查方法已经无法应对海量数据的处理需求。面对这一挑战，赫尔曼·霍勒里斯发明了一种基于打孔卡片的自动化数据处理方法。打孔卡片机的发明，不仅极大地提高了数据处理效率，还为信息处理的自动化提供了一种全新的解决方案。

（二）打孔卡片机的工作原理

打孔卡片机的原理是利用打孔卡片作为数据存储介质，通过打孔和读取设备实现数据的输入、存储和处理。每张卡片上都有预先设计好的打孔位置，通过在不同位置打孔来显示不同的信息。打孔卡片机包括打孔机、制表机和排序机等设备，每种设备执行特定的数据处理任务。

打孔机负责在卡片上打孔，表示人口普查的各种信息，如性别、年龄、职业等。制表机通过读取打孔卡片上的孔洞信息，进行数据统计和分类处理。排序机则按照特定规则对打孔卡片进行排序，为进一步的数据分析提供基础。这种方法大大提高了数据处理的速度和准确性。

（三）打孔卡片机的应用

霍勒里斯发明的打孔卡片机在1890年美国人口普查中的成功应用，标志着信息处理自动化的开始。打孔卡片机使得人口普查数据处理的时间从原来的7年缩短到3年，极大地提高了效率。这一成果不仅得到了政府的认可，还吸引了各个行业的关注。

随着打孔卡片机的普及，其应用范围不断扩大。在企业管理中，打孔卡片机用于工资核算、库存管理和生产控制等方面，提高了企业管理的效率和精度。在科学研究中，打孔卡片机用于数据记录和分析，推动了科学实验的数据化进程。在公共服务领域，打孔卡片机用于社会保障、税收管理等方面，提高了政府管理的自动化水平。

（四）打孔卡片机对后来的影响

打孔卡片机的发明和应用，对后来的计算机技术和工业自动化产生了深远影响。打孔卡片机展示了通过机械设备实现数据处理的可能性，激发了人们对自动化数据处理的兴趣。打孔卡片作为早期的数据存储和处理介质，为后来计算机的存储和输入输出技术提供了重要参考。

打孔卡片机的成功应用证明了自动化设备在处理海量数据方面的优势，这一理念被广泛应用于工业自动化中。例如，在制造业中，自动化设备用于生产线控制和质量检测，通过数据的自动采集和处理，提高了生产效率和产品质量。

20世纪中叶，计算机技术迅猛发展，电子计算机逐渐取代了机械式的打孔卡片机，成为主要的信息处理工具。现代计算机系统中的数据存储、处理和输出技术，很多可以追溯到打孔卡片机的原理和方法。

（五）存储程序自动化设备的发展

打孔卡片机作为早期的存储程序自动化设备，展示了自动化技术在信息处理中的巨大潜力。随着技术的不断进步，存储程序自动化设备也在不断发展。20世纪中期，电子计算机的发明和应用，标志着信息处理自动化进入了一个新的阶段。电子计算机利用电子元件进行数据处理，具有更高的速度和精度，逐渐取代了机械式的打孔卡片机。

在工业自动化领域，存储程序控制（SPC）技术逐渐兴起。SPC技术通过电子计算机对工业生产过程进行实时控制和监测，实现了生产过程的自动化和智能化。数控机床和工业机器人利用SPC技术，实现了复杂零部件的自动加工和装配，提高了生产效率和产品质量。

打孔卡片机的发明，是存储程序自动化设备发展的重要里程碑。霍勒里斯通过打孔卡片机，实现了信息处理的自动化，极大地提高了数据处理的效率和准确性。这一创新不仅推动了信息技术的发展，为后来的计算机技术奠定了基础，还在工业自动化中得到了广泛应用。存储程序自动化设备的发展，展示了自动化技术在信息处理和工业生产中的巨大潜力，标志着人类进入了一个新的技术时代。随着电子计算机和 SPC 技术的不断进步，信息处理和工业生产的自动化水平将不断提高，推动现代社会向智能化和数字化方向发展。

这些早期自动化设备的应用，不仅提高了各行业的生产效率和管理水平，还推动了技术的不断创新和社会的进步。在纺织工业中，自动化设备使得生产过程更加高效和稳定，促进了纺织品的普及和纺织行业的发展；在制造业中，自动化机械工具和标准化生产方法，提高了产品质量和生产效率，推动了工业化进程；在信息处理领域，打孔卡片机为数据处理提供了新的方法，推动了信息技术的发展。通过对这些自动化设备的应用和发展，我们可以看到，自动化技术在提高生产效率、产品质量和管理水平方面，发挥了至关重要的作用，为现代工业和社会的发展奠定了坚实的基础。

第一代工业机器人的设计与应用

一、机器人的起源和发展历程

机器人的研究始于 20 世纪中期。最早在第二次世界大战之后，美国阿贡国家能源实验室为了解决核污染机械操作问题，研制出了遥操作机械手用于处理放射性物质。紧接着于第二年，又开发出一种电气驱动的主从式机械手臂。20 世纪 50 年代中期，美国的一位多产的发明家乔治·德沃尔开发出世界上第一台装有可编程控制器的极坐标式机械手臂，并发表了该机器人的专利。1959 年，德沃尔与美国发明家约瑟夫·英格伯格联手制造出第一台工业机器人样机 Unimmate（意为"万能自动"）并定型生产，由此成立了世界上第一家工业机器人制造工厂 Unimation 公司。之后于 1962 年，美国通用汽车（GM）公司安装了 Unimation 公司的第一台 Unimate 工业机器人，标志着第一代示教再现型机器人的诞生。20 世纪 60 年代后期到 70 年代，工业机器人商品化程度逐步提高，并渐渐走向产业化，继而在以汽车制造业为代表的规模化生产中的各个工艺环节推广使用，如搬运、喷漆、弧焊等机器人的开发应用，使第二次世界大战之后一直困扰着世界多个地区的劳动力严重短缺问题得到极大缓解。而且对于那些单调重复以及体力消耗较大的生产作业，使用工业机器人代替人类不仅可以提高生产效率，还可以完全避免因为工人的疲劳而导致的质量问题。1978年Unimation公司推出一种全电动驱动、关节式结构的通用工业机器人PUMA系列，次年适用于装配作业中的平面关节型SCARA机器人也出现在人们的视野中，自此第一代工业机器人形成了完整且成熟的技术体系。

值得一提的是，20世纪60年代末日本从美国引进工业机器人技术，此后，研究和制造机器人的热潮席卷日本全国。虽然日本研制机器人的起步时间比美国晚，但由于日本国内青壮年劳力极其匮乏，日本政府为了解决这一尖锐的社会问题，对机器人在日本的发展采取积极的扶持政策。例如，对工业机器人一类的新制造设备实行财政补贴政策，聘请专家为推广使用机器人的企业提供专业技术指导，通过各种渠道为社会提供低息资金或者鼓励民间集资成立机器人租赁公司。到20世纪80年代中期，日本拥有完整的工业机器人产业链系统，且规模庞大，一跃成为"机器人王国"，成为世界上应用和生产机器人最多的国家。

随着生产技术从大批量生产自动化向小批量多品种生产自动化的转变，提高生产柔性的需求进一步推动着工业机器人技术的发展。美国麻省理工学院率先开始研究感知机器人技术，并于1965年开发出可以感知识别方块、自动堆积方块无须人干预的早期第二代机器人。20世纪80年代初美国通用公司为汽车装配生产线上的工业机器人装备了视觉系统，于是具有基本感知功能的第二代工业机器人诞生了。与第一代机器人相比，第二代机器人不仅在作业效率、保证产品的一致性和互换性等方面性能更加突出优异，而且具有更强的外界环境感知能力和环境适应性，能完成更复杂的工作任务，因此不再局限于传统重复简单动作的有限工种作业。到了20世纪90年代，计算机技术和人工智能技术的初步发展，让机器人模仿人进行逻辑推理的第三代智能机器人研究也逐步开展起来。它应用人工智能、模糊控制、神经网络等先进控制方法，在智能计算机控制下，通过多传感器感知机器人本体状态和作业环境状态，在知识库支持下进行推理作出决断，并对机器人作多变量实时智能控制。

二、第一代工业机器人设计原理

（一）机械结构

第一代工业机器人的机械臂设计通常受到仿生学的启发，旨在模拟人类手臂的运动能力。机械臂由多个关节和连杆组成，每个关节可以在特定的轴上旋转或移动。这种多自由度的设计，使得机械臂能够灵活地到达工作空间中的任何位置和方向。

1.Unimate：第一台工业机器人 Unimate 的机械臂就是一个典型的关节形结构。Unimate 的机械臂由 6 个自由度组成，可以进行前后、上下和旋转等复杂运动。其设计灵感来源于人类手臂的功能，通过液压系统驱动关节运动，实现了焊接和搬运等任务。

2. 多自由度：早期工业机器人多采用 5 到 6 个自由度的设计，使其能够在三维空间内灵活运动。这些自由度包括基座旋转、肩部摆动、肘部弯曲、腕部旋转等，每个自由度都由独立的驱动器控制。

（二）执行器的种类与应用

执行器是工业机器人的末端装置，用于直接与工作对象接触并执行任务。第一代工业机器人主要使用以下几种类型的执行器。

1. 夹持器：用于抓取和搬运物体。夹持器通常具有两个或多个爪，可以通过机械或气动方式进行开合。早期工业机器人多用于搬运和装配任务，因此夹持器是常见的执行器之一。

2. 焊接枪：用于点焊和弧焊。Unimate 的应用领域之一就是汽车制造中的点焊任务，其末端安装了一把焊接枪，通过机械臂的运动将焊接枪准确定位到焊点处进行焊接。

3. 喷涂枪：用于喷涂作业。早期工业机器人也应用于汽车喷涂作业，其末端执行器为喷涂枪，通过精确控制喷涂位置和喷涂量，实现均匀喷涂。

（三）传动系统的设计与创新

传动系统是连接动力源和执行器的关键部件，负责将驱动力传递给机械臂的各个关节。第一代工业机器人的传动系统主要有以下几种。

1. 液压传动：利用液压油的压力驱动关节运动。液压传动系统具有高功率密度和强大的驱动力，适用于重载作业。Unimate 使用的就是液压传动系统，能够应对汽车制造业的重型焊接任务。

2. 气动传动：利用压缩空气驱动关节运动。气动传动系统反应迅速，适用于轻载和中等载荷的操作。气动系统的优势在于其快速响应能力和较低的成本，但由于功率较低，通常用于较轻的装配任务。

3. 电动传动：利用电动机驱动关节运动。电动传动系统易于控制和维护，是第一代工业机器人中逐渐普及的传动方式。电动系统的精度较高，能够实现复杂的运动控制，是现代工业机器人传动系统的主流选择。

（四）控制系统

第一代工业机器人的控制系统在自动化技术发展史上具有重要意义。虽然这些早期的控制系统较为简单，但它们奠定了工业机器人自动化控制的基础。随着电子技术的发展，控制系统逐渐从继电器逻辑控制和硬连线控制，向可编程控制器（PLC）发展，提高了机器人的灵活性和控制精度。

1. 继电器逻辑控制

第一代工业机器人最早的控制系统多采用继电器逻辑控制。继电器逻辑控制系统通过继电器的通断状态来实现控制逻辑，是一种基于电磁开关原理的控制方式。这种控制方式在工业机器人发展的初期发挥了重要作用。

2. 硬连线控制

硬连线控制是另一种早期工业机器人常用的控制系统，通过固定的电气连接实现对机器人的控制。该系统依赖预先设计的电路板和电缆，将各个传感器、开关和执行器连接起来，从而实现对机械臂运动和操作的预设电路逻辑控制。

3. 可编程控制器

可编程控制器是20世纪60年代末随着电子技术的发展而逐渐被引入工业机器人控制系统中的一种重要设备。PLC的应用显著提高了工业机器人的灵活性和控制精度，也推动了自动化技术的进步。

4. 控制系统的发展和影响

第一代工业机器人的控制系统经历了从继电器逻辑控制、硬连线控制到PLC的演变过程。在这个演变过程中，控制系统的灵活性、精度和可靠性不断提升，对工业自动化的发展产生了深远影响。

（1）工业自动化的推进

继电器逻辑控制和硬连线控制虽然为工业自动化奠定了基础，但它们的局限性也十分明显：编程复杂、灵活性差、难以适应快速变化的工业需求。PLC的出现彻底改变了这一状况。通过编程实现控制逻辑，PLC使得工业机器人能够应对更复杂和多变的控制任务。PLC可以轻松地重新编程，以适应新的生产线配置或产品变化，而无须进行大规模的硬件修改。这种灵活性大大推动了工业自动化的深入发展，使得制造企业能够更快速地响应市场需求和技术变革。

（2）技术创新的驱动

随着电子技术和计算机技术的进步，PLC的性能和功能不断增强。这不仅提高了工业机器人的控制精度和响应速度，还推动了自动化技术的整体进步。PLC作为一种高效、可靠的控制器，不仅在工业机器人中得到了广泛应用，还在其他自动化设备和系统中发挥了重要作用。它为复杂的工业过程控制提供了强有力的支持，促进了生产流程的优化和效率的提升。此外，PLC的编程技术和模块化设计理念也对后续的机器人技术和自动化系统的发展产生了深远影响。

（3）生产效率的提高

高精度、高灵活性的控制系统使工业机器人的工作效率和产品质量大幅提高。在传统的继电器逻辑控制和硬连线控制系统中，任何微小的调整都需要复杂的硬件改动，这增加了停机时间和维护成本。而PLC系统则通过软件编程实现控制逻辑的调整，大大减少了生产线调整的时间和成本，提高了生产效率。同时，PLC控制系统能够精确控制机器人各关节的运动，确保每个操作步骤的高精度和一致性。这种高精度控制不仅提升了产品质量，减少了废品率，还使得生产流程更加稳定和可靠。

在实际应用中，PLC的高可靠性和抗干扰能力也为企业带来了巨大的经济效益。工业环境中通常存在较强的电磁干扰和其他不利因素，传统控制系统容易受到干扰，导致生产中断或质量问题。而PLC在设计上考虑了工业环境的特殊要求，具有很强的抗干扰能力和稳定性，能够在恶劣环境中长期稳定运行。这种可靠性大大降低了企业的维护成本和生产风险，提高了生产线的整体效率和企业的竞争力。

第一代工业机器人控制系统从继电器逻辑控制、硬连线控制到PLC的演变，极大地提升了工业机器人的灵活性、精度和可靠性。PLC的引入不仅推动了工业自动化的发展，还促进了技术创新，提高了生产效率和产品质量。这一过程中，控制系统的进步为工业自动化的深入发展奠定了坚实的基础，并对现代制造业产生了深远的影响。

三、应用领域

第一代工业机器人在应用领域方面取得了显著成就，尤其是在汽车制造业、电子装配和重工业中发挥了重要作用。这些早期的机器人极大地提高了生产效率，降低了劳动强度，并提高了工作环境的安全性。

（一）汽车产业

在汽车制造业中，第一代工业机器人的应用尤为突出。汽车制造过程涉及大量的重复性高、劳动强度大的工作，如搬运重型零部件、电焊和喷漆等。这些工作不仅单调乏味，而且对工人的体力和耐力要求极高，容易导致疲劳和职业病的发生。1961 年，Unimate 机器人被通用汽车公司引入生产线，用于搬运和焊接汽车零部件。Unimate 的引入标志着工业机器人在汽车制造业中的首次大规模应用。通过自动化搬运和焊接，Unimate 显著提高了生产效率和产品质量，减少了工人直接接触重型和高温零部件的风险，提高了工作环境的安全性。这种自动化生产模式迅速被其他汽车制造商效仿，推动了整个行业的技术进步和生产方式的变革。

（二）电子装配

在电子装配领域，工业机器人也发挥了重要作用。随着电子工业的发展，电子产品的需求量急剧增加，传统的手工装配方式已经无法满足高效、精准的生产要求。工业机器人被广泛应用于电子产品的装配和测试过程中，特别是在印刷电路板（PCB）的组装和焊接环节。早期的工业机器人能够精确地定位和焊接电子元件，极大地提高了生产效率和产品质量。机器人在电子装配中的应用不仅加快了生产速度，还减少了人为操作产生的误差，提高了电子产品的一致性和可靠性。这对于当时迅速扩展的电子市场而言，是一个关键的技术突破，使得大规模、标准化生产成为可能。

（三）重工业

在重工业领域，工业机器人同样展现了其独特的优势。冶金、化工等行业的工作环境通常极为恶劣，高温、有毒和危险环境对工人的健康和安全构成了严重威胁。工业机器人的应用有效地解决了这些问题。机器人可以代替人类在高温炉前操作，处理有毒化学品，进行危险环境中的作业。这不仅保护了工人的健康和安全，还显著提高了生产效率和产品质量。例如，在钢铁冶炼过程中，机器人可以进行在高温炉前的原料投放和成品搬运工作，大大减少了工人暴露在极端工作环境中的时间。化工行业中的机器人应用更是广泛，从危险物料的搬运到复杂化学反应的监控，都能看到机器人的身影。

第一代工业机器人在汽车制造、电子装配和重工业中的应用，展示了其在提高生产效率、改善工作条件和保障工人安全方面的巨大潜力。这些早期机器人的成功应用不仅改变了各个行业的生产方式，也为工业机器人在更广泛领域的推广和应用奠定了基础。通过自动化技术的引入，这些领域实现了生产过程的重大变革，推动了整个工业体系向更高效、更安全的方向发展。

第一代工业机器人的设计与应用，开启了制造业自动化的新篇章。虽然面临技术复杂、灵活性不足和成本高昂等挑战，但其在提高生产效率、提升产品质量和降低生产成本方面的优势，使其在工业生产中占据重要地位。随着技术的不断发展和创新，工业机器人将继续在更多领域发挥重要作用，推动现代工业的发展。

第二章　工业机器人在制造业中的应用

　　工业机器人在制造业中的应用已经成为现代工业发展的重要标志。它们不仅显著提高了生产效率和产品质量,还在许多行业中推动了技术革新和生产模式的变革。本章将深入探讨工业机器人在制造业中的具体应用,涵盖汽车行业、电子产品制造和重工业等关键领域。在汽车行业,工业机器人通过自动化焊接、搬运和装配,大幅提高了生产效率和产品一致性;在电子产品制造中,机器人以其高精度和灵活性,优化了组装和测试流程,确保了产品的高质量;而在重工业领域,工业机器人则通过在高温、有毒和危险环境中的应用,保护了工人的安全,并提升了生产的安全性和效率。通过这些案例的分析,我们可以全面了解工业机器人如何在各个制造业领域发挥其独特的优势和价值。

汽车行业

　　随着社会的发展,经济水平不断提高,推动了汽车消费市场的发展,而且市场规模和市场需求都在不断扩大和增加。同时,人们对汽车的需求发生了巨大改变,这也在很大程度上推动了汽车智能制造行业的发展。如今,汽车智能制造行业的发展前景良好,对于工业机器人的需求也越来越大。在汽车智能制造生产线上,传统的人工生产方式已经无法满足现代化生产线需求,而工业机器人的出现使智能制造的发展展现出新的局面。在现代科学技术的支撑下,工业机器人有着可靠、精确和稳定的特点,不仅可以有效提高工作效率、保证工作质量,还能大大降低企业生产成本。

一、工业机器人的应用现状

（一）工业机器人受到推广的原因

1. 减少人工成本的支出

减少人工成本的支出是工业机器人在汽车制造业中一个显著的优势。在传统的汽车制造过程中，工作人员的薪酬是随着工作年限和经验的增加而逐步上升的。这种成本的累积在长期来看是相当可观的，尤其在劳动力市场竞争激烈的情况下，工人的工资水平会不断上涨，这增加了企业的运营负担。

相比之下，工业机器人的投入具有明显的"一劳永逸"的特性。虽然初期购买和安装工业机器人的成本较高，但这些费用主要集中在初始阶段。后续的维护和运营成本相对较低，且可预期和可控。机器人不需要像人类工人一样获取工资和经验的增加，因而也不需要支付逐年递增的工资。机器人能够全天候工作，不受疲劳、情绪和健康状况的影响，避免了因人员流动、请假和培训带来的额外成本。

从经济性质来看，工业机器人一次性的投资能够在长期内显著降低企业的人力资源支出。企业在机器人设备上的投资，可以通过减少工资支出和提高生产效率来逐步收回。这种成本效益分析显示，虽然机器人初期投入较大，但随着时间的推移，节省的人工成本和提高的生产效率将使得总体经济效益显著提升。

工业机器人的应用还减少了企业对人力资源管理的需求。企业不再需要花费大量时间和精力在招聘、培训和管理工人上。机器人可以通过编程和系统升级适应新的生产任务和技术要求，而不需要像人类工人那样进行长期培训和学习。这种自动化的优势使得企业能够更加专注于生产工艺的改进和产品质量的提升。

在实际应用中，很多汽车制造企业已经通过工业机器人实现了生产线的高度自动化。工业机器人在汽车焊接、喷漆和装配等工序中的应用，不仅提高了生产速度和质量，还显著减少了对熟练工人的依赖。工人数量的减少和机器人效率的提高，使得企业能够在更短的时间内完成更多的生产任务，从而提升了整体生产能力和市场竞争力。

2. 工业机器人的工作能力更强

工业机器人的工作能力远超人类工人，特别是在高风险和恶劣工作环境中表现得尤为突出。某些工业生产任务具有高度危险性，例如在汽车制造业中的焊接和喷漆工序，涉及高温、高压和有毒化学品的使用。这些工作环境不仅对工人的健康和安全构成威胁，还容易导致事故的发生。工业机器人能够在这些高风险环境中长时间稳定工作，避免了人类工人直接暴露在危险之中，从而大大提升了工作场所的安全性。

此外，许多工业生产环境本身极其恶劣，如高温、高湿、噪声和有毒气体等，对人体健康有严重威胁。长期在这些环境中工作，工人的健康很容易超负荷，导致职业病和工伤的发生。而工业机器人则能够在这些恶劣环境中无惧挑战地持续运行。机器人不受环境条件的限制，无须休息，也不受情绪和健康状况的影响，能够稳定地完成各项任务。这种特性使得机器人在冶金、化工等高风险行业中得到广泛应用，有效地保障了工人的健康和安全。

通过编程，机器人可以执行多种不同性质的工作任务。一套程序就可以解决多个工作难题，使得机器人能够在生产线的不同环节中灵活应用。例如，在汽车制造业中，同一台机器人可以通过不同的程序指令完成焊接、装配和搬运等不同工序。机器人能够快速适应生产任务的变化，提高生产线的灵活性和响应速度。

工业机器人还具有强大的数据处理和分析能力。现代工业机器人配备了先进的传感器和数据采集系统，能够实时监测工作环境和操作状态，通过数据分析优化工作流程，进一步提高工作效率和质量。例如，在电子产品制造中，机器人能够通过传感器检测和数据分析，实现自动化的质量检测和缺陷修复，从而显著提高生产线的整体效能。

3. 工作重复性高

工业机器人的一个显著优势在于其在高重复性工作中的表现远超人类工人，尤其在汽车制造生产线上，这一点尤为明显。汽车制造过程中，许多任务是高度重复和单调的，如焊接、装配、喷涂等。对于人类工人来说，长时间从事这些单调的工作，容易产生厌倦心理和懈怠情绪，进而影响工作效率和质量。这种心理和情绪上的波动不仅降低了生产线的整体效率，还增加了工作失误和安全事故的风险。

相比之下，工业机器人没有主观意识和情绪波动，只会严格按照设定好的程序进行工作。机器人能够在极短的时间内高效地完成重复性工作，并且保持高度一致的操作精度。无论工作多么单调和重复，机器人都能始终如一地执行任务，确保每一个操作步骤的准确性和一致性。这种机械化的工作方式避免了人工操作中的疏忽和失误，显著提高了产品的质量和生产效率。

工业机器人在应对高重复性工作方面表现出色。它们不受厌倦心理和懈怠情绪的影响，能够持续高效地进行工作，确保每一个操作步骤的准确性和一致性。通过机械地重复设定好的程序化工作，工业机器人避免了人工操作中的疏忽和失误，显著提高了生产效率和产品质量。这种无与伦比的稳定性和高效性，使得工业机器人在汽车制造生产线中成为不可或缺的组成部分，为企业带来了显著的经济效益和竞争优势。

4. 提高生产效率

工业机器人在我国汽车智能制造生产线上的应用时间虽然不长，但已经取得了显著的进展。这些机器人在多个方面提高了生产效率，并展示了其在推动汽车制造行业智能化发展中的巨大潜力。

工业机器人的应用显著降低了生产成本。传统汽车制造依赖大量人工操作，这不仅增加了人工成本，还带来了管理和培训的复杂性。工业机器人可以 24 小时不间断工作，不受疲劳、情绪和健康状况的影响，从而使企业减少了对人力资源的依赖。虽然初期投资较高，但机器人设备的长期使用寿命和稳定性使得总体生产成本得到有效控制。通过减少人工成本和提高生产效率，工业机器人帮助企业在激烈的市场竞争中保持成本优势。

工业机器人的应用大大提高了制造工作的效率和质量。机器人操作精度高，能够确保每一个生产步骤的高度一致性，减少了人为操作中的误差和不确定性。例如，在焊接和喷涂等工序中，工业机器人能够精准控制焊接点的位置和喷涂的均匀性，确保每一个产品的质量达到设计标准。这种高效和精确的操作，不仅提高了生产线的产能，还提升了产品的一致性和可靠性，满足了市场对高质量产品的需求。

工业机器人在汽车制造行业的应用，极大地促进了我国传统汽车制造行业的智能化发展进程。传统制造模式往往面临"瓶颈"，难以应对快速变化的市场需求和技术升级。工业机器人通过高度自动化和智能化的生产方式，突破了这些"瓶颈"。机器人可以通过编程和系统集成，灵活调整生产线的布局和工序，实现多品种、小批量生产。通过数据采集和分析，机器人还能优化生产流程，提升整体生产效率。

工业机器人的应用不仅提高了生产效率，还推动了技术创新和产业升级。机器人技术的引入带动了相关技术的发展，如传感器技术、人工智能和大数据分析等。这些技术的融合应用，使得汽车制造过程更加智能化和信息化，进一步提高了生产的灵活性和响应速度。通过智能制造技术的推广，企业能够更好地适应市场变化，提升竞争力。

工业机器人在我国汽车智能制造生产线上的应用虽然处于探索和发展阶段，但已经显现出其显著的优势。通过降低生产成本、提高生产效率和质量、改善劳动环境，工业机器人大大推动了我国汽车制造行业的智能化发展进程。相比人类工人，工业机器人不仅能够可靠地完成高精度、高重复性的任务，还实现了人类从繁重和危险工作中的解放，为行业的持续创新和发展提供了坚实的技术基础。

（二）工业机器人特点

1. 灵活性

工业机器人的灵活性比较高，能够在不同任务之间快速转换并完成各种不同的操作。工业机器人的这种能力主要得益于程序化控制和可编程性，其可以在任何给定的时间内执行数个不同的任务，而无须技术人员对物理结构或组件进行任何更改。工业机器人通常还能够与其他设备和系统集成，以实现更高效的生产流程。某些工业机器人配备了自适应控制系统，可以根据不断变化的生产环境和运行条件实时调整操作过程。工业机器人的灵活性为许多行业带来了益处，提高了生产效率和产品质量，并降低了生产成本和错误率。在汽车智能制造生产过程中，工业机器人的应用范围非常广且操作简单，技术人员只需要按照现实情况对代码及指令进行改动，就可以使其快速进入工作状态。与传统的焊接机相比，焊接工业机器人的优势非常突出，其比传统的焊接机灵活性更高，而且适应性更强，在任何环境下都可以较好地完成工作。通常，传统的焊接机只能焊接一种车型，而利用焊接机器人可完成多种车型的焊接工作。

2. 工作效率和安全系数高

工业机器人的工作效率比较高，可以根据预设的程序连续运行，并且不需要休息，同时在生产过程中还能保持较高的准确度和一致性。例如，在汽车生产制造过程中，难免会遇到一些质量、尺寸比较大的零部件，如果采用传统的人工搬运方式那么工作效率会很低，而且会存在一定的危险，严重时不仅会导致零部件受到损坏，还会出现人员伤亡的情况。在搬运机器人出现以后，工作人员可以完成体积较大的零部件搬运工作，并且只需要给机器人充电就可以使其不间断作业，在很大程度上提高了工作效率。

二、工业机器人应用优势

科学技术是主要的生产力，在工业时代发挥着重要作用。现代社会仍然以科技为主，工业机器人的出现充分印证了科技的优势，其以各类控制系统为基础，依靠智能化技术进行生产加工，无须进行人工作业。在汽车智能制造中，工业机器人的应用提高了制造工作的效率和质量，实现了自动化生产和运作，其优势主要体现在三个层面：成本低、智能化程度高和安全性强。

在汽车制造过程中，存在许多高风险因素的工作，如果仅靠人工完成，则会出现较大误差。例如，有些工作人员会存在不熟悉工作流程疲劳作业的问题，从而对人身安全造成较大的威胁，但使用工业机器人可以较好地解决这些问题。此外，工业机器人的出现大大降低了劳动力成本。人们在为汽车企业创造价值的同时，也在一定程度上消耗着许多资源。从汽车企业的长远发展来看，每一位员工都是劳动力成本，当劳动力成本占劳动力创造价值的很大一部分时，汽车企业就会通过各种渠道降低劳动力成本或增加劳动力创造的价值。而使用工业机器人时，虽然前期投入成本比较大，但是可以在长期运转中减少劳动力成本及其他额外费用，从而有效降低汽车企业的总体生产成本。同时，工业机器人的应用还可以提高汽车生产效率和产品质量，使产品能够在市场竞争中具有更多的优势，提升企业的竞争力。

三、工业机器人在汽车智能制造生产线中的应用

（一）喷漆和涂胶

工业机器人在汽车喷漆和涂胶过程中的应用十分重要。在汽车生产过程中，喷漆和涂胶是非常关键的环节，直接关系汽车外观和质量。传统的汽车喷漆和涂胶作业都需要经验比较丰富的工人进行操作，但这种方式存在很多问题，如效率低、工作环境差等。而工业机器人具有高速、精度高、24小时

连续工作、可编程性强等优势，能大大提高喷漆和涂胶效率，保证产品质量。此外，工业机器人还可以运用视觉识别技术来检测和跟踪表面曲线复杂的汽车零件，在确保涂装合格的同时，最大限度地降低废品率。因此，工业机器人在汽车制造行业中得到了广泛应用，并已经成为汽车制造业中不可或缺的一部分。

（二）汽车装配

快速组装零部件是工业机器人在汽车装配过程中的重要工作，如车门车窗组装、发动机仪表盘组装等。在汽车零部件装配工作中，为了保证装配过程的准确性，技术人员通常需要做大量工作，涉及的工艺较多、流程烦琐。但应用工业机器人以后，技术人员只需准确放置各种传感器（触觉、听觉等）即可，工业机器人就可以自动识别、捕捉相应的零部件并将零部件快速组装起来，放置到指定位置。因此，工业机器人在汽车装配中的应用不仅可以提高生产效率，还可以保证作业的精确性和稳定性，减少技术人员的工作量，从而使技术人员有更多的时间投入技术研究和探索工作中。

（三）车体焊接

在汽车智能制造过程中，通常采用点焊和弧焊技术来焊接车身，这两项工作极为重要，在很大程度上决定了车身整体的焊接质量最终是否能符合标准。同时，在开展焊接工作的过程中，需要专业的焊接技术人员进行全程操作。随着汽车制造企业生产量的不断增加，焊接工作也不断增多，焊接技术人员的工作压力也越来越大。而在利用焊接机器人开展焊接作业时，技术人员只需编写程序并安装相关焊接工具，整个工作过程无须人工参与，就可实现全自动焊接。在使用点焊技术的过程中，若想利用机器人的自动修复功能，那么技术人员就需要提前设置自动点击修磨器；在使用弧焊技术的过程中，为了保证焊接质量，技术人员需要准确地将传感器放置在机器人的对应部位。

（四）零部件搬运

零部件搬运在汽车制造中也是一道重要的工序，随着汽车生产量的不断增加，零部件搬运工作也面临着很大的挑战。在传统的汽车制造中，汽车企业通常采用人工搬运零部件的方式。在这个过程中难免会有很多大型的零部件，如果使用人工搬运不仅耗费时间，容易使零部件在搬运过程中受到损坏，而且会威胁员工的人身安全。工业机器人的出现与应用就可以很好地解决这个问题,其可以不间断地开展搬运、卸载工作,与传统的人工搬运形式相比,不仅效率高,还可以保证安全性。技术人员只需要提前设定好程序,安放好不同区域的零部件,就可以使工业机器人精准地搬运零部件。因此,工业机器人在汽车智能制造生产线中的应用,不仅降低了人工成本,提高了生产安全性,还减少了工作人员的工作量。

(五)汽车检测

汽车生产的主要流程就是汽车各零部件的生产、车体的整体焊接工作、外部喷漆工作以及具体的装配工作。一套流程下来,基本上也就完成了一辆汽车的制造。但是在汽车真正地投入市场进行销售之前,还有一项非常重要的工作。一辆汽车虽然制造好了,但是其安全性能和质量水平没有得到科学验收,也是没有安全保障的。所以要采取必要的汽车出厂验收工作,这主要是针对汽车安全性能的检验。这是一项危险系数较高的工作,因此要减少人力的投入,避免发生意外伤害。因此,利用工业机器人来进行汽车的出厂验收工作是再好不过的,比如 KUKA 类型的工业机器人,其在进行汽车出厂验收工作时,有两大功能:一是测验控制功能,二是图像传感功能。两种功能进行合作工作,首先采集测试对象的图像信息,然后和标准零部件进行智能对比分析,从而实现零部件安全性能的检测工作。除此之外,工业机器人中的负责碰撞测试的碰撞机器人,可以模拟汽车受到意外冲击时的测试。在这一过程中,机器人智能化调节汽车的速率,通过宏观调控,找出让汽车在受到意外冲击的时候将伤害程度降到最低的方法。还能直观地记录汽车内部在受到不同程度冲击时的具体状态,对这些信息进行分析整合,然后再对汽车的性能进行必要调整,促进汽车安全性能的提升。

四、工业机器人在汽车智能制造生产线中的应用策略

(一)提高一体化程度

在汽车智能制造中,工业机器人不是一个独立的个体,它必须配合每一台生产设备进行工作。因此,在智能制造时代,汽车企业应合理地规划生产目标,协调好运输设备、数控机床和工业机器人的工作,科学规划生产过程。在智能化技术得到快速发展的今天,工业机器人越来越趋向于高水平的智能化、自动化,所以要对生产过程实现标准化的控制,进行模块化的软硬件开发,充分发挥工业机器人的优势,从而使整个生产系统具有良好的兼容性,工业

机器人的控制系统还必须具备较强的信息处理能力，能够正确理解和翻译上位机的具体控制信息并将其转化为实际操作，在接收到命令后再联合各功能完成所需的操作。随着大数据技术的发展，为了满足更高要求的生产加工任务，工业机器人的控制系统也在不断地被优化，如今只需要下发控制功能模板的转换命令，不需要专门设计特定场合的机器人，就可随意地进行生产场景切换，这在很大程度上降低了工业机器人的生产与维护费用。

（二）重视系统集成化和仿生功能

随着智能时代的到来，大型自动化设备逐渐取代传统的人工操作，工业机器人因其能够显著提高生产效率和降低企业风险而受到广泛重视。通过应用更多的高新科技，工业机器人得以不断发展，推动汽车制造行业向智能化方向迈进，并有效降低了生产成本。

工业机器人的一个显著优势在于其系统集成化和仿生功能的提升。现代工业机器人通常是模仿人类手臂的结构和功能，结合智能管理和信息处理技术，实现高效的自动化操作。机器人通过多自由度的机械臂设计，可以灵活执行各种复杂的制造任务，确保操作的准确性和一致性。这种仿生设计不仅提高了机器人的工作效率，还使其在操作复杂设备和执行精密任务时表现得更加可靠。

在信息化和人工智能领域，工业机器人的应用得到了极大的发展。其控制系统主要基于软硬件的结合，形成强大的计算能力和仿生性能。硬件方面，工业机器人采用高性能的传感器和执行器，能够实时感知工作环境和操作状态；软件方面，利用先进的算法和人工智能技术，机器人可以进行复杂的数据分析和决策。通过这些技术的综合应用，工业机器人能够更加智能地完成任务，提高生产线的自动化水平。

随着高新科技的不断进步，工业机器人的智能管理和信息处理能力也在不断提升。通过物联网技术，机器人可以实现与其他设备和系统的互联互通，形成一个高度集成的智能制造系统。这样的系统可以实时监控和优化生产流程，提高整体生产效率和资源利用率。例如，机器人可以通过传感器收集生产数据，利用大数据分析优化生产参数，预测和预防设备故障，从而减少停机时间和维护成本。

工业机器人在系统集成化和仿生功能方面的进步，使其在汽车智能制造生产线中的应用更加广泛和深入。通过高新科技的应用，机器人不仅提高了生产效率和产品质量，降低了企业运营风险，还有效减少了生产成本。随着信息化和人工智能技术的不断发展，工业机器人将继续在汽车制造行业发挥重要作用，推动行业的智能化和自动化进程。

（三）开发人机互交的经济型工业机器人

随着工业机器人的不断完善，工业生产中的许多环节已经开始通过网络化信息和数据的整合，实现高效的控制和管理。这些数据被集成到控制单元中，使得工业机器人能够更加智能地运行和提供服务。这种智能化的发展为进一步应用视觉成像和机器学习等技术奠定了基础，使得机器人不仅能够执行预设的任务，还能在一定程度上进行决策和判断。

视觉成像技术的引入，使工业机器人具备了"视觉"能力。通过摄像头和传感器，机器人可以实时捕捉和分析环境信息，从而精确地识别和定位物体。这种视觉能力不仅提升了机器人的工作精度，还扩展了其应用范围。例如，在装配线上，机器人可以自动检测和校正物体的位置，确保每个零件都能准确安装。此外，视觉成像技术还可以用于质量检测，通过识别产品表面的缺陷，自动筛选不合格产品，保证产品的一致性和质量。

机器学习技术进一步增强了工业机器人的智能化水平。通过学习和分析大量的生产数据，机器人可以不断优化其操作流程和决策策略。机器学习算法可以帮助机器人预测生产过程中出现的问题，并提前采取措施加以解决，从而提高生产的安全性和可靠性。例如，机器人可以通过数据分析预测设备的故障风险，从而及时进行维护和保养，避免生产中断和造成损失。

在技术创新过程中，新型材料的应用为工业机器人带来了更多的可能性。通过使用轻质高强度材料，可以显著降低机械臂的质量和载荷，从而提高机器人的灵活性和操作精度。这不仅减少了能耗，还使机器人能够更灵活地执行复杂的任务。碳纤维和铝合金等新型材料的应用，使得机械臂更加轻便和耐用，能够适应更高强度和更高精度的工作要求。

通过计算机模拟，可以对机器人进行全面的性能测试和优化，确定最佳的结构和操作参数。这种方法不仅节省了大量的研发时间和成本，还能够提前发现和解决设计中的潜在问题，提高了机器人的可靠性和稳定性。模拟技术还可以帮助优化机器人与人类工人之间的互动，确保机器人在工作过程中能够安全、高效地协同工作。

通过优化机器人与人类工人的互动方式，可以大大提高生产效率和工作安全性。开发经济型的工业机器人，使更多中小企业能够负担得起，从而推动智能制造的普及和发展。这些经济型机器人通过简单易用的控制界面和灵活的操作模式，可以与人类工人进行无缝配合，完成各种复杂和重复性高的任务，释放人类工人去从事更有创造性的工作。

随着工业机器人在网络化信息、视觉成像、机器学习、新型材料和计算机模拟等方面的不断进步，机器人在工业生产中的应用将变得更加智能和高效。通过这些技术的集成和创新，工业机器人不仅能够替代人类执行繁重和危险的任务，还能在一定程度上进行自主决策和优化，从而提高生产的安全性和可靠性。开发人机互交的经济型工业机器人，将进一步推动智能制造的发展，提高工业生产的整体水平。

（四）提高对专利申请的重视程度

在汽车智能制造行业发展的过程中，重视国内工业机器人的专利申请工作至关重要。通过加强统筹布局与规划，增强专利布局的前瞻性，能够有效提升我国工业机器人行业的竞争力。专利不仅是技术创新的重要保护手段，也是企业和国家在国际市场上占据优势地位的关键因素。

加强专利布局和规划有助于更好地保护创新成果。在工业机器人领域，技术的创新和突破是行业发展的核心动力。通过及时申请专利，可以将技术创新转化为法律保护，防止他人未经许可使用，确保创新者的合法权益得到保障。建立严密的专利布局网络，可以覆盖关键技术和核心部件，形成系统的专利保护体系。这不仅能有效规避潜在的知识产权风险，还能在市场竞争中占据有利地位。专利的前瞻性布局是提升竞争力的关键，在专利申请过程中，前瞻性的布局和规划可以帮助企业和国家抢占技术制高点。通过对未来技术趋势的预测和分析，提前进行专利申请，能够在新技术领域占据先机。例如，在机器人视觉成像、人工智能控制系统、新材料应用等前沿领域，提前布局申请相关专利，可以在这些关键技术的产业化过程中获得更多的话语权和市场份额。

对网络大数据的分析可以提供重要的情报支持。通过对全球工业机器人专利数据的分析，能够及时观察和了解国际工业机器人的发展动向。这有助于企业和研究机构规避专利陷阱，避免在研发和生产过程中触碰到他人的专利红线。利用大数据技术，可以系统地分析国际专利申请的趋势、热点技术领域以及主要竞争对手的专利布局，从而制定更加科学合理的专利战略。打造严密的专利布局网络，还能够有效保护我国工业机器人企业在国际市场上的合法权益。在全球化竞争中，知识产权纠纷频发，如果缺乏完善的专利保护体系，企业的创新成果很容易被他人模仿或侵权。通过建立覆盖广泛的专利网络，不仅可以保护国内市场，还能在国际市场上形成有效的专利壁垒，防止国外企业的技术侵入，维护我国企业的市场地位。

加强专利申请工作还有助于促进技术交流和合作。拥有大量高质量的专利，可以吸引国际企业和研究机构的合作与投资，推动技术转型和产业升级。通过专利合作，企业可以获得更多的技术资源和市场机会，进一步提升创新能力和市场竞争力。

为了充分把握汽车智能制造行业的发展机遇，应高度重视国内工业机器人专利申请工作。通过加强统筹布局与规划，增强专利布局的前瞻性，打造严密的专利布局网络，可以有效保护创新成果，规避知识产权风险，提升我国工业机器人的国际竞争力。同时，通过对网络大数据的分析，及时了解国际发展动向，规避专利陷阱，促进我国工业机器人行业的良好发展。这些措施将为我国在全球工业机器人市场中占据更有利的位置，推动智能制造的持续进步。

目前，工业机器人在汽车智能制造生产线中得到了较为广泛的应用，可极大地提高汽车生产质量和效率，保障工作人员的人身安全。随着时代的进步与汽车智能制造行业的不断发展，未来汽车企业要持续加大对工业机器人的技术创新和研发力度，将其应用于汽车智能制造的各个环节，最大限度地节省人力、物力和财力，从而提高经济效益和社会效益。

电子产品制造

工业机器人在电子产品制造业中的应用已经深刻改变了传统的制造模式，极大地提高了生产效率、产品质量和安全性。以下是几个实际应用的具体实例，详细阐述工业机器人在电子产品制造过程中的重要性和优势。

一、表面贴装技术

表面贴装技术（SMT）是电子产品制造中的关键环节，涉及高精度和高速度地将电子元器件贴装到印刷电路板上，随后进行焊接。工业机器人在 SMT 生产线中发挥了重要作用，以下是对其应用的深入分点论述。

（一）高精度操作

高精度操作是工业机器人在表面贴装技术中特点之一，尤其在电子产品制造过程中具有重要意义。工业机器人通过元器件的精准定位和误差最小化，实现了高效且高质量的生产。

1. 元器件的精准定位

工业机器人配备了先进的视觉系统和高精度机械臂，这些系统可以实时捕捉和分析 PCB 表面情况。视觉系统利用摄像头和传感器捕捉元器件和 PCB 的位置和状态，然后通过算法计算出最佳的贴装位置和角度。机械臂根据这些数据进行微调，将元器件准确地放置在指定的位置。这样的操作确保了每个元器件都能精确贴装，避免了位置偏移和角度误差。

视觉系统的实时分析能力是实现精准定位的关键。通过高速摄像头捕捉动态画面，结合图像处理算法，机器人能够迅速识别元器件的位置和方向。这种实时反馈机制不仅提高了贴装的速度和精度，还能够在发现异常时立即进行调整和修正。例如，如果元器件在传送过程中发生偏移，视觉系统能够快速检测到并通知机械臂进行调整，确保元器件能够正确贴装。

2. 误差最小化

工业机器人的操作精度极高，可以在微米级别的范围内进行调整。这种高精度操作大幅减少了贴装过程中的误差，保证了每个焊点和连接的位置准确无误。在现代电子产品中，电路板的密集度极高，元器件之间的间距非常小，任何微小的误差都会影响整个电路的性能和可靠性。工业机器人通过精确控制每一个操作步骤，确保元器件的贴装位置和焊接点完全符合设计要求，避免了因误差导致的电路故障。

现代电子产品，如智能手机、平板电脑和智能手表等，内部包含大量密集排列的微小元器件，这些元器件的任何安装误差都会导致产品性能下降甚至失效。工业机器人通过高精度的贴装和焊接，确保了电路板的每一个连接点都达到最佳状态，显著提高了产品的稳定性和使用寿命。

高精度操作是工业机器人在 SMT 中的核心优势，通过元器件的精准定位和误差最小化，显著提高了电子产品制造的质量和效率。先进的视觉系统和精密机械臂的结合，使机器人能够实时捕捉和分析 PCB 表面情况，确保每个元器件都能精确贴装。这不仅减少了人为操作中的错误，还提高了产品的一致性和可靠性，为现代电子产品的高质量制造提供了有力保障。

（二）高速度运作

高速度运作是工业机器人在表面贴装技术中的又一个显著优势，这一特性大大提高了电子产品制造的生产效率和产量。

1. 快速贴装

现代贴片机机器人通过高精度和高速运动系统，能够以极高的速度将电子元器件贴装到印刷电路板上。每小时数万个元器件的贴装速度远远超过工人能够达到的极限。这个惊人的速度主要得益于机器人内部的先进技术，包括高速摄像系统、精密驱动系统和高效的算法优化。

高速摄像系统能够快速捕捉和处理元器件及 PCB 的图像，确保每一个贴装动作都能够迅速而准确地完成。精密驱动系统则能够实现机械臂的高速移动和精准定位，确保在高速运动中依然保持高精度。这些技术的结合，使得工业机器人能够以极快的速度完成贴装任务，不仅提高了单条生产线的产能，还使得整个制造流程更加高效。

2. 连续工作

工业机器人具备连续工作的能力，是其高速度运作的另一重要表现。与工人不同，工业机器人能够 24 小时不间断地进行工作，不会受到疲劳、情绪或健康状况的影响。这种连续性工作能力对于大规模生产至关重要，尤其是在市场需求量大、订单密集的情况下，机器人能够确保生产线持续高效运转。

在电子产品消费的高峰生产期，市场对智能手机、平板电脑等电子产品的需求量激增。工业机器人通过其连续工作的特点，能够全天候运作，确保生产线始终保持高效状态。这不仅满足了市场的巨大需求，还缩短了产品上市的时间，为企业赢得了宝贵的市场先机。

连续工作能力还带来了其他一系列的好处，如减少了生产线的停机时间。传统人工操作需要休息时间和轮班制度，而机器人可以连续工作，避免了生产线的频繁停机和启动，减少了产能损失，提高了生产线的稳定性和一致性。工人在长时间工作后，会因为疲劳而导致工作效率下降和操作错误，而机器人能够始终保持一致的工作效率和操作精度，确保生产线的稳定运行。

机器人连续工作还能显著降低生产成本。虽然机器人设备的初期投入较高，但其持续工作能力能够减少对人力资源的依赖，降低长期的劳动力成本。同时，由于机器人工作效率高、错误率低，生产过程中的材料浪费和返工率也会大大减少，从而进一步降低了生产成本。

高速运作是工业机器人在 SMT 中的关键优势。通过快速贴装，机器人显著提高了生产效率，满足了电子产品制造的高产能需求；通过连续工作，机器人保证了生产线的高效运作，能够满足市场对电子产品的大量需求。这些特性使得工业机器人在现代电子产品制造中发挥了不可替代的作用，推动了制造业的技术进步和生产力提升。

（三）提高生产效率

1. 减少人为操作

减少人为操作中的错误，尤其是在高精度、高强度的重复性操作中的错误。人类工人在长时间从事这些操作时，容易因为疲劳和注意力不集中而导致贴装错误，而工业机器人则可以通过编程保持持续的高精度和高一致性，从而有效减少错误的发生。

2. 标准化生产

标准化生产是工业机器人在电子产品制造中的一大优势，通过预设的程序，机器人能够标准化地进行每一个操作步骤，确保每一个产品都符合设计要求，从而提高了生产的一致性和可靠性。

工业机器人在表面贴装技术中的应用，显著提高了生产效率和产品质量。通过高精度和高速度的操作，机器人能够在贴装过程中保证元器件的准确定位和可靠连接，减少人为操作中的错误，提高生产的一致性和可靠性。这些优势使得工业机器人成为现代电子产品制造中不可或缺的关键设备，推动了行业的技术进步和生产力提升。

二、自动化焊接

自动化焊接在电子产品制造中起着至关重要的作用，其质量直接影响产品的性能和寿命。在传统的人工焊接过程中，焊点的一致性和精度难以保证，容易出现虚焊、漏焊等问题。这些问题不仅降低了产品的可靠性，还增加了返工率和生产成本。工业机器人通过精确控制焊接参数，如温度、时间和位置等，能够实现高质量的焊接，从而克服了这些挑战。

工业机器人的自动化焊接过程涉及多种高精度技术，以确保每个焊点的质量。机器人利用先进的传感器和控制系统来监测和调整焊接参数。焊接温度是一个关键因素，机器人能够通过实时监控焊接区域的温度，确保焊接温度始终保持在最佳范围内。这样，可以避免因温度过高或过低导致的焊接缺陷，如焊接不牢或材料烧损。机器人还能够通过精确设定焊接时间，保证每个焊点的焊接过程一致。焊接时间过短导致焊接不充分，而时间过长又损坏元器件。机器人通过程序设定最佳焊接时间，确保每个焊点都达到理想的焊接效果。

工业机器人利用视觉系统和定位传感器，能够准确识别和定位元器件和焊接点。通过计算和调整，机器人可以将焊接工具精确移动到焊点位置，确保每个焊点的焊接角度和位置都符合设计要求。这种高精度的焊接操作不仅提高了焊接的可靠性，还减少了焊点之间的电气干扰和机械应力，增强了产品的性能和使用寿命。智能手机内部的电路板上密布着微小的元器件和复杂的电路连接，这些焊点对焊接质量要求极高。机器人能够在极其狭小的空间内进行精确的焊接操作，确保每个焊点的质量和一致性。这不仅提高了焊接的可靠性，还大大减少了返工率，进一步提高了生产效率。

人工焊接由于受到工人技能水平和工作状态的影响，焊接质量难以保持一致。而机器人通过预设程序和精密控制系统，能够在每个生产周期中重复相同的焊接操作，保证每个焊点的一致性和质量。这种一致性操作减少了焊接缺陷，提高了产品的一致性和可靠性。工业机器人还可以实现复杂焊接工艺的自动化。例如，多点焊接和双面焊接等复杂工艺，通过机器人编程可以轻松实现。机器人还可以在多个焊点之间快速切换，精确完成每个焊点的焊接任务。这种能力大大提高了生产效率，缩短了生产周期，保证了高质量的焊接效果。

通过这些高精度技术和自动化控制，工业机器人在焊接过程中显著提高了焊接质量，减少了焊接缺陷和返工率，提高了生产效率。在智能手机制造等高精密度要求的电子产品生产中，工业机器人焊接的优势尤为突出。它们不仅提高了产品的可靠性和使用寿命，还降低了生产成本，推动了电子产品制造业向智能化和自动化方向的发展。

三、自动化测试和质量控制

确保每个产品都能达到预定的质量标准。工业机器人在这一过程中发挥了关键作用，通过自动化执行各种测试任务，如功能测试、性能测试和耐久性测试，大幅提高了测试效率和准确性。

传统的人工测试方式不仅耗时费力，还容易因人为因素导致误差和疏漏。而工业机器人通过编程和先进的检测设备，可以在短时间内高效完成大量测试任务。机器人测试的高效性主要体现在其高速处理能力和高精度控制上。在功能测试中，机器人能够快速检测每个电子元器件和电路的工作状态，确保其功能正常。功能测试包括检查电路的通断、电压和电流等参数。机器人通过高精度的传感器和测量仪器，实时获取电路的工作数据，并与预设的标准进行比对。如果检测到异常，机器人会立即标记不合格产品，并在后续的生产流程中将其剔除。这种高效、精准的功能测试能够大幅降低不良品的比例，提高产品的一致性和可靠性。

性能测试能确保产品在不同条件下都能稳定运行。工业机器人可以模拟各种工作环境，如温度、湿度和振动等，对产品进行全面的性能测试。在计算机主板的生产过程中，工业机器人可以通过改变环境条件，测试主板在极端温度下的稳定性和性能表现。通过这些测试，机器人能够快速识别性能不达标的产品，并加以剔除，确保最终产品的高性能和高可靠性。耐久性测试则是为了评估产品在长时间使用下的稳定性和寿命。工业机器人可以通过重复操作和加速老化测试，模拟产品在实际使用中的各种情况。例如，工业机器人可以对手机按键进行反复按压测试，以评估其耐用性。这种测试方式不仅提高了测试效率，还能够在短时间内预测产品的使用寿命，帮助制造商及时改进设计和生产工艺。

在计算机主板的生产过程中，电气性能测试和功能验证是最为典型的应用实例。机器人可以自动进行每个接口和组件的电气性能测试，如电压、电流和阻抗等参数。同时，功能验证包括检测主板的各个功能模块，如处理器、内存和存储设备的工作状态。机器人通过预设的测试程序，快速执行一系列检测任务，确保每个主板都能达到设计标准。这种自动化测试方式不仅提高了测试速度，还保证了产品质量的一致性。

工业机器人通过传感器和检测设备获取大量测试数据，并通过程序进行实时分析和处理。这些数据不仅用于判断产品的合格与否，还可以帮助制造商识别生产过程中出现的问题。通过分析测试数据的分布情况，可以发现某个工序或设备存在的潜在问题，从而进行调整和改进。这种数据驱动的质量控制方式，提高了生产过程的透明度和可控性，有助于持续提升产品质量。

工业机器人在自动化测试和质量控制中的应用，通过高效、精准的测试手段，显著提高了测试效率和产品质量。机器人能够自动执行功能测试、性能测试和耐久性测试，快速识别不合格产品并进行剔除，确保每个产品都符合质量标准。这种自动化测试方式不仅保证了产品的一致性和可靠性，还为制造商提供了宝贵的测试数据，推动了生产工艺和产品设计的不断优化。

四、自动化包装和物流

（一）自动化包装

在电子产品的包装环节，工业机器人通过高效的操作显著提高了包装速度和质量，减少了对人工的依赖。机器人能够执行产品的分类、装箱和封装等一系列任务，确保包装过程的快速和准确。

1. 提高包装效率和质量

工业机器人在包装过程中展示了其高速运作和高精度的优势。通过编程，机器人可以迅速识别和分辨不同类型的电子产品，按照预设的包装方案进行操作。例如，机器人能够快速、准确地将各种型号的智能手机、平板电脑等电子产品放置在相应的包装盒内，并进行封装。高效的包装操作不仅提高了生产线的整体效率，还确保了每个包装步骤的质量和一致性。

机器人通过视觉系统和传感器实时监控包装过程，能够准确检测产品的位置和状态，避免了人工操作可能产生的错误。机器人能够精确控制每一个包装动作，确保产品在包装过程中不受损坏。这种高精度操作减少了包装缺陷，提高了包装质量和产品的市场竞争力。

2. 降低人工成本和操作错误

自动化包装系统的应用显著减少了对人工劳动力的需求，降低了生产成本。传统的人工包装不仅耗时费力，还容易因为疲劳和疏忽导致操作错误。工业机器人能够24小时不间断地工作，不受疲劳影响，确保每个包装任务都能高效完成。

通过标准化的操作程序，机器人能够执行重复性高、复杂度大的包装任务，避免了人工操作中的失误。机器人可以按照预设程序进行精确的封箱和贴标操作，确保每个包装箱都符合标准，减少了因贴标错误和封箱不牢导致的返工和材料浪费。这种自动化包装方式不仅提高了生产效率，还显著降低了人工成本和操作错误率。

（二）自动化物流

在电子产品的仓储和物流环节，工业机器人通过自动分拣和搬运产品，显著提高了配送效率和准确性。这种自动化物流系统不仅加速了订单处理，还确保了产品按时交付。

1. 提高配送效率和准确性

工业机器人在仓储和物流中心的自动化操作，大大提高了产品分拣和配送的效率。机器人通过条码扫描和射频识别技术，快速识别产品信息，并按照订单需求进行自动分拣和搬运。机器人能够在复杂的仓储环境中灵活移动，将产品从存储区域搬运到包装和发货区域，完成整个物流过程。

机器人在分拣过程中通过高精度传感器和定位系统，确保每个产品都能准确放置在指定位置，避免了人工分拣易出现的错误。通过实时数据分析，机器人能够优化分拣路径和搬运流程，提高物流效率。例如，在高峰期订单量大的情况下，机器人能够快速调整操作策略，优先处理紧急订单，确保产品及时交付。

2. 减少人为操作中的错误

自动化物流系统的应用显著减少了人为操作易出现的错误，提高了整个物流过程的准确性和可靠性。传统的人工物流操作容易因疲劳和疏忽导致分拣和配送错误，影响产品的准时交付。工业机器人通过标准化和精确的操作程序，能够有效避免这些问题。

机器人在物流操作中，通过实时监控和数据反馈，能够及时发现和修正分拣和搬运中的偏差。机器人在搬运过程中如果检测到产品位置偏移或运输路径异常，会自动调整操作，确保每个产品都能准确送达目的地。这种自动化物流方式不仅提高了配送的准确性，还增强了客户满意度。

通过自动化包装和物流，工业机器人在电子产品制造中实现了高效的包装、分拣和配送操作，显著提高了生产和物流效率，减少了人为操作易出现的错误，确保了产品的高质量和准时交付。这些优势推动了电子产品制造业向智能化和自动化方向的发展，提高了企业的市场竞争力和运营效率。

工业机器人在电子产品制造业中的实际应用涵盖了从贴装、焊接、测试、装配到包装和物流的各个环节。这些应用极大地提高了生产效率和产品质量，减少了人为错误，提高了工作环境的安全性和舒适性。通过精确控制和高效操作，工业机器人不仅满足了现代电子产品制造对高精度和高速度的要求，还推动了制造过程的智能化和自动化发展，为电子产品制造业的持续进步提供了有力支持。

船舶行业

工业机器人在船舶行业中的应用，正在改变传统船舶制造和维护的方式，提高生产效率、质量和安全性。船舶制造涉及大量复杂和高强度的工作环节，如焊接、切割、喷涂和装配等。工业机器人凭借其高精度、高效率和高可靠性的特点，正在这些环节中发挥越来越重要的作用。

一、焊接与切割

焊接和切割是船舶制造过程中最为关键和基础的工序，传统的手工焊接和切割不仅工作量巨大，而且对工人的技能和体力要求极高，还存在较高的安全风险。工业机器人在这一领域的应用显著提高了生产效率和质量。

（一）工业机器人在船舶制造中的焊接应用

船舶结构的焊接是确保船体牢固性和耐久性的关键环节，需要极高的强度和精度。传统手工焊接不仅劳动强度大，而且焊接质量容易受到工人技能和状态的影响，存在较高的缺陷率和返工率。工业机器人在这一领域的应用，通过预设焊接程序和高精度控制，显著提高了焊接质量和效率，同时减少了工人的职业健康风险。

1. 精确控制焊接参数

工业机器人焊接系统利用预设的焊接程序，能够精确控制焊接角度、速度和焊接参数，如电流、电压和焊接时间等。这些参数的精确控制是确保焊缝质量一致的关键。

2. 提高焊接效率

工业机器人焊接系统的高效操作显著提高了焊接效率。传统手工焊接由于受工人工作时间和状态的限制，效率较低。而机器人能够长时间不间断地进行焊接工作，提高了生产线的连续性和生产效率。

3. 减少焊接缺陷和返工率

机器人焊接系统通过精确控制焊接参数和实时监控焊接过程，显著减少了焊接缺陷和返工率。

工业机器人在船舶结构焊接中广泛应用，通过精确控制焊接参数、提高焊接效率、减少焊接缺陷和返工率，以及降低工人的职业健康风险，显著提高了焊接质量和生产效率。机器人焊接系统的高精度和高效操作，为船舶制造提供了有力的技术支持，推动了船舶制造业向自动化和智能化方向发展。这些优势使得工业机器人在现代船舶制造中发挥了不可或缺的作用，提高了整个行业的竞争力和生产水平。

（二）工业机器人在船舶制造中的切割应用

船舶制造过程中有大量的钢板和型材切割工作，传统的手工切割方法效率低且误差大，难以满足现代船舶制造对精度和效率的要求。工业机器人切割系统利用激光切割、等离子切割等先进技术，显著提升了切割的速度、精度和质量，从而提高了材料利用率和船体结构的装配效率。

1. 高效切割

工业机器人切割系统能够在短时间内完成大量切割任务，大大提高了切割效率。相比于传统手工切割，机器人切割系统通过自动化操作，减少了人为因素的干扰和限制，实现了高效生产。

2. 高精度切割

切割精度是船舶制造中非常重要的因素，直接影响船体结构的装配质量和精度。工业机器人切割系统通过先进的激光切割和等离子切割技术，实现了高精度的切割操作。

3. 提高材料利用率

高精度的切割操作不仅提高了切割质量，还显著提高了材料利用率。机器人切割系统能够精确计算切割路径和材料排布，减少材料浪费。

4. 提高装配效率

高质量的切割边缘和高精度的切割操作，显著提高了船体结构的装配效率。切割边缘的质量和精度直接影响装配过程能否顺利进行和最终产品的质量。

工业机器人切割系统在船舶制造中的应用，通过高效、高精度的切割操作，显著提高了切割效率和质量，确保了材料利用率和切割边缘的质量。机器人切割系统不仅提高了生产效率，还增强了船体结构的精度和装配效率，为现代船舶制造提供了有力的技术支持。先进的激光切割和等离子切割技术，使得工业机器人能够胜任复杂、精密的切割任务，推动了船舶制造业向智能化和自动化方向的发展，提高了整个行业的竞争力和生产水平。

二、喷涂与涂装

船舶涂装是保证船体防腐蚀性能和外观质量的关键环节。传统的手工喷涂难以达到所需的均匀性和一致性，且存在劳动强度大和安全风险高等问题。工业机器人在喷涂和涂装方面的应用，显著提高了涂装质量和效率，确保了操作的安全性和环保性。

（一）喷涂

工业机器人喷涂系统通过编程控制喷涂路径和喷涂量，能够实现均匀、稳定的涂层效果。编程控制确保机器人能够精确地按照预设的路径进行喷涂，无论船体表面多么复杂，都能保持一致的涂层厚度。

机器人喷涂系统在操作过程中，通过传感器和控制软件，实时监测喷涂量和喷涂角度，并自动调整喷涂速度和喷涂距离，确保涂料均匀分布。这样，不仅避免了手工喷涂时容易出现的厚薄不均问题，还减少了涂料浪费，降低了生产成本。

在环保和安全方面，机器人喷涂系统有明显的优势。传统手工喷涂往往会在密闭或有害环境中进行，工人容易暴露在有毒有害物质中，存在健康风险。工业机器人则可以在这些恶劣环境中长时间稳定工作，减少了工人的健康风险。此外，机器人喷涂系统的高精度操作减少了涂料的过喷和浪费，降低了环境污染，符合现代工业的环保要求。

（二）涂装

涂装机器人利用视觉系统和传感器，能够实时监控涂装过程并进行调整，确保每一层涂料的均匀性和附着力。视觉系统通过摄像头和传感器实时捕捉船体表面信息，并通过图像处理算法分析涂料的分布情况。传感器监测涂料的厚度和附着力，确保每一层涂料均匀且牢固地附着在船体表面。

机器人涂装系统能够根据监测数据自动调整涂装参数，如涂装速度、喷嘴压力和涂料流量,确保涂层的质量和一致性。这种实时调整功能避免了手工操作中的人为误差,提高了涂装的精度和稳定性。

机器人涂装不仅提高了涂装效率,还大幅提升了涂层质量和耐久性。通过精确控制每一层涂料的厚度和附着力,机器人涂装系统能够确保涂层的均匀性和光滑度,减少了起泡、开裂和脱落等质量问题。高质量的涂层能够更好地保护船体,防止腐蚀现象的发生和机械损伤,延长船舶的使用寿命。

此外,机器人涂装系统可以适应不同类型的涂料和复杂的涂装工艺。例如,对于多层涂装工艺,机器人可以精确控制每一层涂料的厚度和干燥时间,确保各层涂料之间的附着力和兼容性。这种高效、精确的涂装操作,满足了船舶制造对涂装质量的高要求。

工业机器人在喷涂和涂装方面的应用,通过编程控制和实时监控,实现了均匀、稳定的涂层效果,显著提高了涂装质量和效率。机器人喷涂系统的高精度操作减少了涂料浪费和环境污染,保护了工人的健康安全。机器人涂装系统通过视觉和传感技术,确保每一层涂料的均匀性和附着力,提升了涂层的质量和耐久性,延长了船舶的使用寿命。这些技术优势推动了船舶制造业向自动化和智能化方向的发展,提高了整体生产水平和竞争力。

三、组装与安装

工业机器人在船舶制造过程中,组装和安装环节涉及大量重型和精密部件的搬运和装配工作。传统手工操作不仅劳动强度大、效率低,还存在较高的安全风险。工业机器人的应用在这些环节中显著提升了生产线的自动化水平和装配精度。

(一)部件搬运

工业机器人在部件搬运方面展现了高效、安全的操作能力。船舶制造需要搬运和安装诸如船体钢板、管道和设备等重型和大型部件。这些任务对人力的要求极高,且存在较高的安全风险。机器人搬运系统利用传感器和导航技术,能够自动识别和抓取部件,并按照预设路径进行精准搬运。传感器实时监控部件的位置和状态,确保搬运过程中的稳定性和安全性。导航技术使得机器人能够在复杂的工作环境中灵活移动,避免碰撞到障碍物,提高搬运效率。通过机器人搬运系统,不仅减少了人工搬运的劳动强度,还大大降低了安全事故的发生率,确保了工作环境的安全。

（二）精密装配

在精密装配方面，船舶内部的装配工作需要极高的精度，包括发动机、管道系统和电子设备的安装。工业机器人通过精密控制和视觉引导，能够准确定位和安装各类部件。视觉系统通过摄像头和传感器捕捉部件和装配位置的图像，并通过图像处理算法进行分析，确保每个部件都能精确安装在指定位置。机器人装配系统通过高精度机械臂和控制算法，保证装配过程中的精度和一致性。

机器人装配系统不仅提高了装配精度，还能记录和分析装配数据，优化装配流程。每个装配步骤的数据都会被记录下来，包括装配位置、力矩和时间等。通过分析这些数据，可以发现装配过程中存在的问题和"瓶颈"，并进行相应的调整和优化。例如，如果某个部件在装配过程中需要多次调整，数据分析可以帮助确定问题的原因，并通过调整装配程序或工具来解决问题。这种数据驱动的优化过程不仅提高了装配质量，还提升了生产效率和产品可靠性。

手工装配过程中，工人的技能水平和工作状态对装配质量影响很大，而机器人通过预设程序和精密控制，能够在每个生产周期中重复执行相同的装配步骤，确保每个产品的装配质量一致。自动化装配还减少了返工和废品率，提高了生产线的整体效率。

通过编程，机器人可以快速适应不同类型和规格的部件装配任务。无论是大型船体结构的组装，还是小型精密部件的安装，机器人都能通过调整程序和工具进行快速切换，满足多样化的生产需求。这种灵活性使得生产线能够更好地应对市场变化和订单需求，从而提高了企业的竞争力。

工业机器人在船舶组装和安装环节的应用，通过高效、安全的搬运和精密装配，大大提高了生产线的自动化水平和装配精度。机器人搬运系统利用传感器和导航技术，确保了重型部件的精准搬运，减少了人工操作的劳动强度和安全风险。精密装配系统通过视觉引导和数据分析，优化了装配流程，提高了装配质量和效率。工业机器人的这些优势推动了船舶制造业向自动化和智能化方向发展，提高了整个行业的生产水平和竞争力。

四、检测与维护

在船舶制造和运营过程中，检测和维护是确保船舶安全性和可靠性的重要环节。传统的手工检测和维护不仅效率低，且难以保证精度和一致性。工业机器人在检测和维护领域的应用，通过高精度和高效的操作，大大提高了检测精度和维护效率。

（一）无损检测

工业机器人利用先进的超声波、X射线和激光等技术，能够进行高精度的无损检测，确保每个检测部位的准确性和完整性。

工业机器人在无损检测中的应用，通过编程控制和传感器技术，实现了自动化的检测过程。超声波检测利用高频声波穿透材料，检测内部缺陷。机器人可以沿着预设路径移动检测头，逐步扫描船体表面，捕捉声波反射数据，并通过算法分析识别缺陷的位置和大小。X射线检测则通过射线穿透材料，捕捉内部结构图像，机器人能够自动调整检测角度和位置，确保全面覆盖检测区域，迅速发现微小裂纹和气孔等缺陷。激光检测利用激光束扫描材料表面，通过光学反射和散射信号分析表面和亚表面的缺陷情况。

机器人检测系统不仅提高了检测精度，还显著缩短了检测时间。自动扫描和数据分析功能使得机器人能够快速识别潜在问题，并及时反馈检测结果，减少了人工检测中的误差和遗漏。这种高效的无损检测技术，不仅提高了检测质量，还降低了检测成本，保障了船舶制造和运营过程中的安全性。

（二）自动维护

自动维护是机器人在船舶运营中应用的重要领域，通过编程和传感器，机器人能够自动执行各种维护任务，如清洗、润滑和紧固等，并确保船舶各个系统的正常运行。

机器人维护系统通过编程预设维护计划，利用传感器实时监控船舶各部位的状态。在清洗任务中，机器人能够识别积垢和污渍的位置，自动调整清洗头的位置和压力，实现高效清洗，避免对设备的损坏。润滑任务中，机器人通过监测摩擦部位的温度和摩擦力，确定润滑需求，自动注入润滑剂，确保机械部件的顺畅运行。在紧固任务中，机器人能够检测螺栓和接头的松紧度，自动执行紧固操作，防止因松动引发的安全隐患。

机器人维护系统的自动化操作不仅提高了维护效率，还确保了维护工作的准确性和一致性。传统的人工维护容易因工人疲劳或疏忽导致维护质量不稳定，而机器人则能够按照预设程序和参数，始终如一地执行每项任务，保证维护质量。机器人维护系统能够通过数据记录和分析，实现预防性维护和预测性维护。传感器实时监测设备状态，捕捉异常信号，并通过数据分析预测设备可能出现的故障。基于这些预测数据，维护机器人能够提前执行维护任务，防止故障发生，延长设备的使用寿命，减少维护成本和停机时间。

工业机器人在船舶检测与维护中的应用，通过高精度的无损检测和高效的自动维护，大大提高了检测精度和维护效率。无损检测技术的应用，确保了船体和部件的微小缺陷能够被及时发现和处理，保障了船舶的安全性和可靠性。自动维护系统通过编程和传感器，实现了清洗、润滑和紧固等维护工作的自动化操作，提高了维护工作的准确性和一致性，延长了船舶的使用寿命。工业机器人在这些领域的应用，不仅提高了船舶制造和运营的技术水平，还推动了整个行业向智能化和自动化方向发展，显著增强了企业的竞争力和生产效率。

通过高效、精确的操作和自动化系统，显著提高了焊接、切割、喷涂、组装和检测等各个环节的效率和质量。机器人技术的引入，不仅降低了生产成本和安全风险，还提高了船舶的整体性能和可靠性，推动了船舶制造业向智能化和自动化方向的发展。

第三章　机器人技术的核心原理

机器人技术的核心原理是理解和设计高效、精密机器人系统的基础。本章将探讨工业机器人在各类应用中的关键技术原理，包括机械结构、运动控制、传感与数据获取等方面。首先，我们将深入分析机械结构与运动控制，探讨机器人如何通过复杂的机械设计和精密的运动控制实现高效、高精度的操作。其次，我们将研究传感技术与数据获取，了解机器人如何利用传感器实时感知环境，并通过数据分析和处理，实现智能决策和精准执行。通过对这些核心技术的探讨，读者将全面了解现代机器人技术的基本原理及其在各个领域中的应用，为进一步的研究和开发提供坚实的理论基础。

机械结构与运动控制

工业机器人的机械结构与运动控制是其实现高效、精确操作的核心技术。这些技术涵盖机械设计、运动规划、逆运动学求解、控制算法、传感器融合以及实时控制系统的各个方面。在机械结构方面，关节、连杆、驱动器和执行器等部件的设计决定了机器人的运动能力、操作范围和负载能力。运动控制系统则通过复杂的计算和优化算法，实现对机器人运动的精确控制。传感器融合技术利用多个传感器的数据，提高机器人对环境和自身状态的感知精度，确保运动的准确性和可靠性。实时控制系统负责实时采集数据、计算控制命令并发送给执行器，保证机器人在各种环境中都能高效运行。通过对这些技术的深入探讨和不断优化，工业机器人在制造、装配、焊接和喷涂等领域展现出卓越的性能，进一步推动了工业自动化的发展。

一、机械结构

工业机器人的机械结构决定了其运动能力、操作范围和负载能力。机械结构的设计包括关节、连杆与机身、驱动器和执行器等组成部分。

（一）关节设计

关节设计是工业机器人机械结构中的核心要素，决定了机器人的运动能力和操作灵活性。工业机器人通常采用关节型结构，每个关节能够提供一定的自由度（DOF），这使得机器人能够在多维空间内进行复杂的操作。

工业机器人中的关节类型主要包括旋转关节和线性关节。旋转关节允许关节围绕轴旋转，提供了角度运动的自由度。这种类型的关节广泛应用于各种机械臂和机器人中，因为其设计可以实现多方向的旋转和定位。例如，机器人手臂通常包含多个旋转关节，通过这些关节的组合，可以实现类似人类手臂的运动能力，包括肩、肘和腕部的旋转。

旋转关节的设计和实现涉及多个技术细节。首先是关节的驱动方式，常见的驱动方式包括电动机驱动、液压驱动和气动驱动。其中，电动机驱动因其控制精度高、响应速度快而被广泛应用。其次是关节的结构设计，必须考虑到运动的平滑性和承载能力。为了提高关节的灵活性和耐用性，通常会采用滚珠轴承和谐波减速器等高精度机械元件。此外，旋转关节还需要配备高精度的角度传感器，以实时反馈关节的角度和位置，确保运动控制的准确性。

线性关节在机器人中通常用于需要直线移动的操作，如搬运系统中的直线滑轨。线性关节的设计通常涉及直线导轨和滑块的配合，以确保在运动过程中具有高精度和低摩擦。驱动方式通常为滚珠丝杠驱动和线性电机驱动，前者通过滚珠丝杠和螺母的旋转，实现精确的直线运动；后者则通过电磁力直接驱动滑块移动，具有更高的速度和精度。

多关节组合使工业机器人具有多自由度的运动能力，从而能够执行复杂的操作任务。例如，一个具有六个自由度的机械臂可以在三维空间中任意定位和定向，这对于复杂的装配、焊接和搬运任务至关重要。每个关节的独立控制和组合，使得机器人能够在狭小空间内灵活操作，适应不同的工作环境和任务需求。

多自由度的实现不仅依赖关节的机械设计，还需要高效的运动控制算法。这些算法负责计算每个关节的运动轨迹和速度，确保机器人的末端执行器能够精确到达目标位置。常见的运动控制算法包括逆运动学求解和路径规划算法。逆运动学求解通过计算每个关节的角度和位置，实现末端执行器的精确定位。路径规划算法则负责设计机器人从起始位置到目标位置的最佳运动路径，避免障碍物和减少运动时间。此外，关节设计还必须考虑到机器人在不同操作环境中的稳定性和可靠性。为了确保关节在长时间工作中的稳定性，设计中通常会考虑温度控制和润滑系统，防止过热和磨损。可靠性的提高还涉及冗余设计。例如，在关键关节中使用双重传感器和驱动系统，以防止单点故障导致整个系统失效。

工业机器人关节设计直接影响机器人的运动能力和操作灵活性。旋转关节和线性关节的组合，使机器人能够在多维空间内进行复杂的操作任务。高精度的机械设计、先进的运动控制算法和可靠的运行保障，确保了工业机器人在各种应用中的卓越性能和稳定性。通过不断优化关节设计，工业机器人将继续在制造、装配和其他工业领域发挥重要作用，推动工业自动化的发展。

（二）连杆与机身

连杆与机身直接决定了机器人的臂展和运动范围。连杆作为连接各个关节的机械部件，其材料和结构设计对于机器人的刚性、精度和运动性能起着至关重要的作用。

连杆的主要功能是传递运动和力，使机器人能够在空间中执行复杂的任务。为了实现这一功能，连杆的设计需要兼顾强度、刚性和重量等多个因素。强度和刚性决定了连杆在承受外力时的变形程度，直接影响机器人的运动精度和稳定性。而重量则影响机器人的运动灵活性和能耗。因此，在连杆的材料选择和结构设计中，如何平衡这些因素是一个关键问题。

现代工业机器人多采用轻质高强度材料，如铝合金和碳纤维。这些材料不仅具有高强度和高刚性，还具有较低的密度，能够有效减轻连杆的重量。铝合金由于其优异的机械性能和加工性能，成为工业机器人连杆的常用材料。铝合金具有良好的强度和刚性，其重量较轻，可以显著提高机器人的运动灵活性和速度。此外，铝合金的抗腐蚀性能较好，适合在各种工作环境中使用。

近年来，碳纤维材料由于其超高的强度和极低的密度，在高性能工业机器人中得到了广泛应用。碳纤维材料不仅能够提供卓越的刚性和强度，还能够显著减轻机器人的重量，提高运动速度和效率。此外，碳纤维材料的热膨胀系数较低，能够在高温环境中保持较高的尺寸稳定性，有利于提高机器人的工作精度。然而，碳纤维材料的成本较高，加工工艺复杂，因此在应用中需要综合考虑经济性和性能需求，连杆的结构设计也直接影响机器人的性能。

连杆的截面形状和尺寸设计需要综合考虑强度、刚性和重量等因素。常见的连杆截面形状包括圆形、方形和矩形等，不同的截面形状具有不同的力学性能。圆形截面具有良好的抗弯和抗扭性能，但加工工艺复杂。矩形截面具有较高的抗弯刚度，但抗扭性能较差。通过合理选择截面形状和尺寸，可以优化连杆的力学性能，提高机器人的整体性能。

连杆的连接方式和布局也是结构设计的重要方面。连杆与关节的连接方式需要保证连接的可靠性和传动效率。常见的连接方式包括螺栓连接、焊接和黏结等，不同的连接方式适用于不同的工作环境和力学要求。连杆的布局设计需要考虑机器人的运动范围和工作空间，通过优化连杆长度和关节位置，可以最大化机器人的臂展和运动灵活性。

机身作为机器人的主体结构，其材料和设计也对机器人的性能产生重要影响。机身需要承载机器人各个部分的重量和工作载荷，因此需要具有较高的强度和刚性。同时，机身的设计还需要考虑重心位置和稳定性，确保机器人在工作中的平衡和稳定。现代工业机器人机身同样采用轻质高强度材料，如铝合金和碳纤维，以提高强度和减轻重量。此外，机身的模块化设计有助于提高机器人的维护性和可扩展性，以便于根据不同的工作需求进行调整和改装。

连杆与机身的材料选择和结构设计对于工业机器人的性能至关重要。通过采用轻质高强度材料，如铝合金和碳纤维，可以提高连杆和机身的强度、刚性和重量比，提升机器人的运动灵活性和效率。合理的结构设计和优化的连接方式，确保连杆和机身在传递运动和力的过程中保持高精度和高稳定性。连杆与机身的优化设计，是实现工业机器人高性能和高可靠性的基础，为机器人在各类工业应用中提供了强大的支持。

（三）驱动器与执行器

驱动器与执行器是工业机器人系统中的关键组件，分别负责提供动力和执行具体任务。它们的性能直接影响机器人的操作精度、速度和工作效率。驱动器包括电动机、液压驱动器和气动驱动器等，而执行器则包括机械手爪、焊接枪和喷涂喷头等。

1. 驱动器

驱动器是工业机器人的动力源，负责将电能或液压能转换为机械能，以驱动机器人的各个关节和部件运动。不同类型的驱动器具有各自的特点和适用场景。

2. 执行器

执行器是直接与工作对象接触并执行具体任务的部件，其设计需要考虑工作任务的具体要求，包括抓取力、焊接温度和喷涂均匀性等。

驱动器与执行器是工业机器人系统中重要的部件，直接影响机器人的性能和工作效率。驱动器通过提供动力，实现各个关节和部件的精确运动。电动机因其高精度和高响应速度而被广泛应用，而液压驱动器和气动驱动器则根据不同需求在特定场合使用。执行器则负责具体任务的执行，其设计需根据任务需求进行优化，以确保操作的精度和效率。机械手爪、焊接枪和喷涂喷头等常见执行器在工业生产中发挥着重要作用，通过精密设计和优化，使工业机器人能够高效完成各类复杂任务。

二、运动控制

运动控制是工业机器人实现精确运动和操作的核心技术。运动控制系统包括硬件和软件两个部分，主要负责控制机械结构的运动，实现预定的操作任务。

（一）运动规划

运动规划指的是根据具体的操作任务要求，计算出机器人从起始位置到目标位置的最优运动路径和轨迹。运动规划不仅需要考虑到机械结构的运动学和动力学约束，还必须确保路径的最优性和可行性，以满足任务的复杂性和精度要求。

运动规划的核心在于解决机器人如何在多维空间内从一个点移动到另一个点，避免障碍物并满足运动约束条件的问题。这一过程涉及大量的数学和算法技术，常用的运动规划算法包括 Dijkstra 算法、A★算法和 RRT（快速随机树）等。Dijkstra 算法是一种经典的图搜索算法，用于寻找从起始节点到目标节点的最短路径。它通过逐步扩展已知路径，比较所有路径的长度，最终找到一条最短路径。Dijkstra 算法的优点是能保证找到最优路径，但其计算复杂度较高，尤其在处理高维空间和动态环境时，计算时间和资源需求会显著增加。A★算法是 Dijkstra 算法的一种改进，它引入了启发式函数，使得搜索过程更具方向性，从而加快了路径搜索速度。A★算法通过估算从当前节点到目标节点的最短距离，优先探索那些更有通向目标的路径，减少了无效搜索的次数。A★算法在实际应用中表现出较高的效率和准确性，广泛应用于机器人路径规划和导航。

RRT算法是一种基于随机采样的路径规划算法，特别适用于高维空间和复杂环境中的运动规划。RRT算法通过在空间中随机采样生成树结构，从起始点逐步扩展树枝，直至到达目标点。RRT算法的优势在于其计算效率高，能够在复杂环境中快速找到一条可行路径。尽管RRT算法不能保证找到最优路径，但通过改进算法，如RRT*，可以在保留计算效率的同时找到接近最优的路径。

在运动规划过程中，需要考虑机械结构的运动学和动力学约束。运动学约束涉及机器人各个关节的运动范围和速度限制，确保规划的路径在物理上是可行的。动力学约束则涉及力和加速度等因素，确保机器人在执行运动时不会超过其物理能力，如过大的惯性力或摩擦力。运动规划不仅要找到一条可行路径，还要优化路径的各个方面。优化目标包括最小化路径长度、减少能量消耗、避免障碍物、平滑路径和减少操作时间等。通过综合考虑这些优化目标，运动规划算法能够找到一条满足任务要求的最优路径。

实现运动规划的实际步骤通常包括环境建模、路径搜索和路径优化。环境建模是将实际工作空间转化为计算机能够处理的数学模型，包括定义障碍物和工作区域。路径搜索是利用运动规划算法在模型中寻找可行路径。路径优化是对找到的路径进行进一步优化，以满足实际操作中的各种要求。

现代工业机器人运动规划的发展方向包括多机器人协作规划、动态环境中的实时规划和智能规划。多机器人协作规划需要考虑多个机器人之间的协调和避让，确保它们能够在共享工作空间中高效合作。动态环境中的实时规划需要机器人能够在环境变化时迅速调整路径，保持任务的连续性和可靠性。智能规划则需要结合机器学习和人工智能技术，使机器人能够根据环境变化和任务要求，自主学习和优化运动策略。

运动规划是工业机器人实现智能化和高效操作的基础技术。通过运用Dijkstra算法、A*算法和RRT等运动规划算法，结合机械结构的运动学和动力学约束，机器人能够计算出最优的运动路径，确保任务的精确完成。随着技术的发展，运动规划在实际应用中的效率和智能性将不断提升，并推动工业机器人在各个领域中的广泛应用。

（二）逆运动学

逆运动学是机器人控制中的一个核心问题，它是指根据末端执行器（如机械手）的期望位置和姿态，计算出各个关节的角度和位移。这一过程的复杂性源于多自由度机器人结构的高度非线性关系，以及多个解的可能性。逆运动学的精确求解对于实现机器人精确运动控制至关重要。

在机器人运动学中，正运动学是相对简单的问题，即根据已知的各个关节的角度和位移，计算出末端执行器的位置和姿态。逆运动学则是其逆过程，需要解决非线性方程组，这往往是一个复杂的任务。逆运动学问题的复杂性主要体现在两个方面：一是多自由度机器人的关节参数之间存在高度的非线性关系；二是通常情况下，给定末端执行器的一个期望位置和姿态，会有多个关节参数组合满足要求，甚至在某些情况下没有解。

解决逆运动学问题的方法主要有解析法和数值法两大类。

1. 解析法

解析法是通过数学推导直接求解逆运动学方程，通常适用于结构较为简单的机器人。这类方法的优点是计算速度快，适合实时控制应用。然而，解析法仅适用于特定的机器人结构，对于自由度较高或结构复杂的机器人，解析法难以找到通用解。

2. 数值法

数值法通过迭代求解逆运动学方程，适用于任何结构的机器人。常见的数值方法包括雅可比矩阵法和优化算法。雅可比矩阵法利用关节速度和末端执行器速度之间的线性关系，通过迭代更新关节参数，逐步逼近期望位置和姿态。这种方法的优点是适用范围广，但计算量较大，需要较多的计算资源。

优化算法则是将逆运动学问题转化为优化问题，通过定义目标函数（如末端执行器位置和姿态与期望值的偏差），利用优化技术找到最优解。常见的优化算法包括梯度下降法、牛顿法和遗传算法等。这些算法在复杂和高自由度机器人系统中表现出色，但同样面临计算资源需求高的问题。逆运动学的精确求解是实现机器人精确运动控制的基础。对于工业机器人来说，末端执行器的位置和姿态要求非常高，如果逆运动学计算不准确，会导致操作误差，从而影响生产效率和产品质量。因此，逆运动学求解的精度和速度直接关系到机器人系统的性能。

在实际应用中，逆运动学求解还需要考虑机器人的实际工作环境和物理约束。例如，关节的物理极限、机械公差和运动范围等都是需要考虑的因素。为了提高求解精度，逆运动学算法通常结合传感器数据，进行实时调整和校正。视觉系统、位置传感器和力传感器等能够提供关节和末端执行器的实时状态信息,辅助逆运动学求解,提高系统的响应速度和精度。

逆运动学的求解还需要结合运动规划进行综合考虑。运动规划负责为机器人设计整体的运动路径,而逆运动学则需要在每个运动时刻计算关节参数,确保末端执行器沿预定路径运动。两者的结合能够实现机器人在复杂环境中的精确操作,从而确保任务的顺利完成。

现代机器人系统中,逆运动学的求解往往采用混合方法,结合解析法和数值法的优点,既保证了计算速度,又提高了求解精度。例如,对于机器人工作空间中的特定区域,可以预先计算并存储逆运动学解,通过查表法快速求解;对于其他区域,则采用数值方法进行实时计算,确保系统的灵活性和鲁棒性。

逆运动学是实现机器人精确运动控制的关键技术。通过解析法、数值法和优化算法的应用,结合传感器数据和运动规划,能够精确计算出各个关节的角度和位移,确保末端执行器达到期望位置和姿态。随着计算技术和算法的不断进步,逆运动学求解的精度和效率将进一步提高,推动机器人技术在工业、医疗、服务等各领域的广泛应用。

(三)控制算法

控制算法是机器人运动控制系统中的核心技术,用于实现对机械结构的精确控制。通过调节控制参数和响应机制,控制算法确保机器人能够按照预定的轨迹和速度进行运动,完成复杂的操作任务。常用的控制算法包括PID(比例-积分-微分)控制、模糊控制和自适应控制等。

1. PID 控制

PID控制是一种经典的控制算法,被广泛应用于工业机器人中。PID控制通过调节比例(P)、积分(I)和微分(D)系数,实现对系统误差的反馈控制。比例控制通过当前误差值调节输出,能够快速响应误差变化;积分控制通过累积历史误差,消除系统的稳态误差,确保长期精度;微分控制通过预测误差变化趋势,抑制误差的快速变化,提高系统稳定性。PID控制具有算法简单、计算效率高、适用范围广的优点,常用于机器人关节的伺服控制。伺服控制系统则通过实时反馈关节位置和速度,利用PID控制算法调整驱动信号,使关节精确跟随预定轨迹。

2. 模糊控制

模糊控制是一种基于模糊逻辑的控制算法，专门处理复杂和非线性系统。其核心思想是将系统状态和控制目标进行模糊化处理，通过模糊规则进行推理和决策，最终生成适当的控制输出。模糊控制的这种特性，使其特别适用于难以建立精确数学模型的系统，如机器人在复杂环境中的运动控制。

在复杂系统中，传统的控制方法往往依赖精确的数学模型。然而，在实际应用中，很多系统由于其非线性、复杂性和不确定性，很难用精确的数学模型来描述。例如，在机器人运动控制中，环境的复杂性、机器人与环境的交互，以及机器人本身的复杂动态特性，都使得传统的控制方法难以得到有效应用。模糊控制通过将系统状态和控制目标模糊化，使用语言变量和模糊集合来处理这些不确定性，提供了一种有效的解决方案。

模糊控制通过模糊规则进行推理和决策，这些规则通常由专家经验和知识构建，反映了系统操作的实际情况。模糊规则的形式为"如果……则……"，如"如果物品重量轻且运动速度慢，则抓取力度小"。这些规则将复杂的控制策略简化为一系列易于理解和实现的语言描述，使得模糊控制具有很强的鲁棒性和适应性。由于模糊控制可以处理不确定性和非线性系统，即使在系统参数发生变化或外部环境有扰动的情况下，模糊控制器仍能保持较好的性能。这种鲁棒性使得模糊控制在实际应用中非常可靠。例如，在机器人搬运易碎物品时，物品的重量和运动速度可能会不断变化，模糊控制器能够根据这些变化实时调整抓取力度和运动速度，以确保操作的安全性和精确性。

通过调整模糊规则和隶属函数，模糊控制器可以适应不同的工作环境和任务需求。不同的任务可能对控制策略有不同的要求，模糊控制可以根据实际情况灵活调整控制策略。例如，在一个机器人需要同时处理多种任务的环境中，模糊控制器可以根据任务的优先级和复杂性，动态调整控制参数，优化机器人执行任务的效率和效果。

模糊控制易于实现。相比于复杂的数学模型和算法，模糊控制的实现过程相对简单。只需要构建合理的模糊规则和隶属函数，并进行简单的模糊推理和解模糊化操作，就可以实现有效的控制。这种简单易行的特点，使得模糊控制在工业自动化、机器人控制、交通控制等领域得到了广泛应用。

在机器人搬运易碎物品时，模糊控制可以根据物品重量和运动速度，实时调整抓取力度和运动速度。具体来说，当机器人抓取物品时，模糊控制器会根据物品的重量（轻、中、重）和运动速度（慢、中、快）进行模糊化处理，然后根据预先设定的模糊规则，确定合适的抓取力度和运动速度。这样，不仅可以避免对易碎物品的损坏，还可以提高搬运过程的安全性和精确性。

模糊控制作为一种基于模糊逻辑的控制算法，通过处理复杂和非线性系统中的不确定性和模糊性，提供了一种灵活、鲁棒且易于实现的控制方法。其在机器人运动控制中的应用，尤其是在处理复杂环境和任务需求时，展现了显著的优势。随着技术的发展和应用的深入，模糊控制今后将在更多领域中发挥其独特的作用，推动智能控制系统的不断进步和创新。

3. 自适应控制

自适应控制是一种能够自动调整控制参数的控制算法，适用于具有动态变化和不确定性的系统。自适应控制通过实时监测系统状态和性能，根据反馈信息调整控制参数，使系统保持最佳性能。自适应控制算法包括模型参考自适应控制、Lyapunov 自适应控制和自适应模糊控制等。自适应控制具有强大的学习能力和适应性，能够在复杂和变化的环境中实现高精度控制。例如，机器人在执行焊接任务时，可以利用自适应控制算法，根据焊接材料、厚度和环境温度的变化，实时调整焊接电流、速度和压力，并确保焊缝质量一致。

控制算法的选择和设计需要综合考虑系统的动态特性、控制精度和响应速度。PID 控制适用于大多数线性系统和稳态误差要求较高的场合，但在处理强非线性和大滞后系统时表现有限。模糊控制和自适应控制能够弥补 PID 控制的不足，主要适用于动态环境和复杂任务，但计算复杂度和实现难度较高。在实际应用中，常采用多种控制算法的组合，以发挥其各自优势。例如，采用 PID 控制实现关节伺服控制，保证系统的基本精度和稳定性；结合模糊控制和自适应控制，实现对复杂任务和动态环境的精确控制，提高系统的灵活性和鲁棒性。

控制算法的实现需要依赖高性能的控制器和传感器系统。控制器负责实时计算控制算法，生成驱动信号，驱动机器人各个关节和部件运动。传感器系统实时反馈机器人状态和环境信息，提供精确的数据支持控制算法。现代控制系统通常采用嵌入式硬件和实时操作系统，确保高效、稳定的控制性能。控制算法的发展方向包括智能控制和协作控制。智能控制结合人工智能和机器学习技术，使机器人能够根据环境变化和任务需求，自主学习和优化控制策略，提升系统的自适应能力。协作控制则针对多机器人系统，通过协调多个机器人的运动和操作，实现高效的任务分配和协同工作，提高整体系统的效率和灵活性。

通过 PID 控制、模糊控制和自适应控制等算法，机器人能够在复杂和动态的环境中执行高精度任务。控制算法的设计和实现需要综合考虑系统特性和任务需求，结合高性能控制器和传感器系统，确保控制系统的高效、稳定运行。随着智能控制和协作控制技术的发展，机器人控制算法将进一步提升，实现更高水平的自动化和智能化应用。

（四）传感器融合

传感器融合是机器人技术中一项关键技术，通过利用多个传感器的数据，显著提高了机器人对环境和自身状态的感知精度。常用的传感器包括位置传感器、速度传感器、力传感器和视觉传感器等。通过先进的数据融合技术，如卡尔曼滤波和粒子滤波，机器人能够实现更精确的运动控制和环境感知。

1. 位置传感器

位置传感器用于检测机器人的位置信息，常见的有编码器、激光测距仪和 GPS 等。编码器通常安装在机器人关节上，用于实时监测关节的角度和位置。激光测距仪和 GPS 则用于大范围内的定位，特别适合于移动机器人。速度传感器用于测量机器人的运动速度，如陀螺仪和加速度计，能够提供精确的速度和加速度信息。这些传感器的数据对机器人控制至关重要，因为精确的位置和速度信息是实现高精度运动控制的基础。

2. 力传感器

力传感器用于检测外界作用于机器人末端执行器的力和力矩信息，常用于抓取和装配任务中。力传感器能够感知抓取物体的重量、形状和材质，并帮助机器人调整抓取力度，防止损坏物体或滑落。视觉传感器通过摄像头和图像处理技术，获取环境和物体的图像信息。视觉传感器广泛应用于物体识别、路径规划和避障等任务，通过实时图像分析，机器人能够感知周围环境的变化，做出相应的决策。

传感器融合技术通过综合利用多种传感器的数据，提高机器人的感知精度和可靠性。其中卡尔曼滤波是一种经典的传感器融合算法，广泛应用于位置和速度估计中。卡尔曼滤波利用传感器的测量数据和系统的动态模型，通过递归估计方法，实时更新机器人的状态估计值。卡尔曼滤波能够有效处理传感器测量中的噪声和不确定性，提供高精度的状态估计。

粒子滤波是一种基于蒙特卡罗方法的非线性滤波算法，适用于处理复杂和非线性系统中的状态估计问题。粒子滤波通过一组粒子的权重更新和重采样过程，逼近系统的概率分布，能够处理高度非线性和非高斯分布的状态估计问题。粒子滤波在机器人定位和导航中均表现出色，特别适用于动态和复杂环境中的传感器数据融合。传感器融合技术在提高机器人运动控制精度和环境感知能力方面发挥着重要作用。通过融合位置、速度、力和视觉传感器的数据，机器人能够获得更全面和准确的状态信息，实现高精度的运动控制。例如，在机器人抓取任务中，通过融合力传感器和视觉传感器的数据，机器人能够准确识别物体的位置和形状，调整抓取力度和路径，确保抓取操作的成功率和安全性。

传感器融合技术还能够提高机器人的环境适应能力和自主决策能力。在动态环境中，通过实时融合多种传感器的数据，机器人能够及时感知环境变化，调整运动轨迹和操作策略。例如，在自主导航任务中，机器人通过融合激光测距仪、GPS和视觉传感器的数据，能够实时构建环境地图，规划最优路径，避开障碍物，确保安全高效地到达目标位置。传感器融合技术的实现需要依赖高性能的计算平台和先进的数据处理算法。现代机器人系统通常采用嵌入式计算平台和实时操作系统，确保传感器数据的实时采集和处理。数据处理算法需要高效地处理传感器数据中的噪声和不确定性，提供稳定和可靠的状态估计及决策支持。

传感器融合技术通过综合利用多种传感器的数据，显著提高了机器人对环境和自身状态的感知精度。通过卡尔曼滤波和粒子滤波等数据融合算法，机器人能够实现更精确的运动控制和环境感知，提高操作精度和环境适应能力。随着传感器技术和数据处理算法的不断发展，传感器融合技术将在机器人领域中发挥越来越重要的作用。

（五）实时控制系统

实时控制系统是工业机器人运动控制的核心，负责从传感器获取实时数据、计算控制命令并传送给执行器，以确保机器人能够高效、精确地完成任务。这种系统的设计和实现涉及硬件和软件的高度协同，以满足高性能和高可靠性的要求。

实时控制系统的基础是嵌入式硬件和实时操作系统。嵌入式硬件通常由高性能微处理器、专用集成电路（ASIC）或现场可编程门阵列（FPGA）组成，这些硬件具有强大的计算能力和低延迟特点，能够处理大量的数据并实时响应控制需求。实时操作系统（RTOS）提供了必要的系统资源管理和任务调度功能，确保各个控制任务能够在规定的时间内完成。RTOS通过优先级调度、实时任务管理和中断处理等机制，实现对时间和资源的严格控制，保证系统的实时性和可靠性。实时控制系统需要处理高频率的数据采集和控制命令计算，这对硬件和软件都提出了极高的要求。传感器数据的实时采集是系统的基础，常见传感器如位置传感器、速度传感器和力传感器需要以毫秒甚至微秒级的频率进行数据更新。为了确保数据的实时性，嵌入式硬件通常配备高精度的模数转换器（ADC）和数字信号处理器（DSP），这些器件能够快速采集和处理传感器信号，提供高精度的数据输入。

在数据采集的基础上，实时控制系统需要对采集到的数据进行处理和计算，以生成相应的控制命令。这一过程涉及复杂的运动控制算法，如PID控制、模糊控制和自适应控制等。这些算法需要高效的数学运算能力和精确的时间控制，以确保控制命令能够实时响应传感器输入和环境变化。嵌入式硬件中的DSP和高性能微处理器通过并行处理和流水线技术，提高了运算速度和效率，满足了实时控制的要求。

控制命令的生成和执行是实时控制系统的关键环节。控制命令需要通过嵌入式硬件中的接口电路传输到执行器，如电动机驱动器、液压驱动器或气动驱动器。这些执行器根据控制命令调整机器人关节的位置、速度和力，实现精确的运动控制。实时控制系统中的反馈控制机制通过传感器实时监测执行器的状态，将反馈信号与期望值进行比较，并根据误差调整控制命令，形成闭环控制，以此提高系统的稳定性和精度。

系统还需要应对外界环境的变化和不确定性。工业机器人通常在复杂和动态的环境中工作，需要实时适应环境变化并做出相应调整。例如，在搬运任务中，机器人需要根据物体的形状、重量和位置调整抓取姿态和力度，这要求实时控制系统具有高度的灵活性和适应性。通过传感器数据融合和高级控制算法，实时控制系统能够动态调整控制策略，确保机器人在变化环境中的可靠运行。

硬件和软件的高性能和高可靠性是实时控制系统的基本要求。嵌入式硬件的设计需要考虑抗干扰、抗震动和抗温度变化等因素，确保系统在恶劣环境中的稳定运行。实时操作系统需要具备高效的任务调度和资源管理能力，防止任务冲突和资源争用，确保各控制任务按时完成。此外，系统还需要具有故障检测和容错能力，通过冗余设计和自诊断功能，提高系统的可靠性和安全性。实时控制系统的实现不仅依赖先进的硬件和软件技术，还需要系统工程和优化设计。系统工程通过模块化设计和标准化接口，实现硬件和软件的高效集成和协同工作。优化设计通过仿真和测试，优化控制算法和系统参数，提高系统的性能和可靠性。例如，通过实时仿真系统，可以在虚拟环境中验证控制算法的性能和鲁棒性，发现和解决潜在问题，确保其在实际应用中的高效运行。

实时控制系统是工业机器人运动控制的核心，负责实时采集传感器数据、计算控制命令并发送给执行器，以确保机器人能够高效、精确地完成任务。通过嵌入式硬件和实时操作系统，再结合高性能的计算和控制技术，实时控制系统实现了高频率的数据处理和控制命令计算，满足了工业机器人在复杂环境中的高性能和高可靠性要求。

工业机器人的机械结构与运动控制是实现高效、精确操作的核心技术。机械结构设计决定了机器人的运动能力和操作范围，运动控制系统通过精确的运动规划、逆运动学求解和控制算法，实现对机械结构的精确控制。传感器融合和实时控制系统进一步提高了运动控制的精度和可靠性。通过不断优化机械结构和运动控制技术，工业机器人在制造、装配、焊接和喷涂等领域展现出卓越的性能，推动了工业自动化的发展。

传感与数据获取

机器人传感与数据获取是实现智能化和高效操作的核心技术。通过各类传感器和先进的数据获取方法，机器人能够实时感知环境和自身状态，从而进行精确地操作和智能决策。本节将深入探讨各种传感器的应用，包括位置传感器、速度传感器、力传感器和视觉传感器等，以及其在实际应用中的重要性。此外，我们将介绍数据融合技术，如卡尔曼滤波和粒子滤波，以及嵌入式处理器和实时操作系统在实时数据处理中的关键角色。通过对这些技术的详细阐述，我们将展示机器人如何在工业自动化、无人驾驶和医疗机器人等领域实现高精度和高可靠性的操作。

一、位置传感器

位置传感器用于检测机器人的位置信息,是机器人运动控制的基础。

(一)编码器

编码器是机器人关节中的关键传感器,用于实时监测关节的角度和位置。它们通过光电或磁性传感技术,将机械运动转换为电信号,提供精确的位置信息,确保机器人能够准确地执行预定的运动和任务。

编码器的工作原理基于将机械运动转化为可测量的电信号。光电编码器使用光电传感器和旋转光栅盘来检测位置变化。光栅盘上刻有精密的光学栅格,当盘旋转时,光电传感器通过检测光栅的变化,生成脉冲信号。这些脉冲信号经过处理后,能够提供关于旋转角度和位置的精确信息。磁性编码器则利用磁场变化来检测位置,旋转磁盘上嵌有磁性材料,磁场传感器检测磁场变化并生成相应的电信号。

高精度编码器能够检测到微小的角度变化,确保机器人在执行任务时能够精确定位和移动。例如,在机器人焊接任务中,编码器能够提供焊接枪的精确位置,确保焊接路径和焊点的准确性。在搬运和装配任务中,编码器提供关节的实时位置信息,使机器人能够精确抓取和放置物体,避免出现操作误差。编码器在机器人运动控制中的作用不仅限于提供位置反馈,还包括速度和加速度信息的获取。通过对位置信号的微分处理,可以计算出关节的实时速度和加速度。这些信息对于控制算法的实现至关重要,尤其是在需要高速、高精度运动控制的应用中。编码器的速度和加速度信息能够帮助控制系统进行动态补偿,提高系统的响应速度和稳定性。

编码器的数据处理通常由嵌入式控制系统完成。实时操作系统管理和调度编码器信号的采集和处理任务,确保数据的实时性和准确性。高性能微处理器或数字信号处理器对编码器信号进行解码和滤波,生成关节的实时位置、速度和加速度信息。这些数据通过反馈控制回路输入控制算法中,实时调整驱动器的输出,使关节精确跟随预定轨迹。

在实际应用中,编码器的选择和安装也需要考虑环境因素。对于工业机器人而言,编码器必须具备抗干扰和抗振动能力,以确保在恶劣环境中的稳定运行。封装设计和防护措施,如密封和防尘设计,可以有效提高编码器的可靠性和使用寿命。此外,编码器的安装位置和方法也需精确,以避免机械安装误差对测量精度的影响。

编码器在机器人系统中的重要性还体现在其与其他传感器的协同工作上。与陀螺仪、加速度计和力传感器等配合使用，编码器能够提供更加全面和精确的状态反馈。传感器数据融合技术，如卡尔曼滤波和粒子滤波，能够将编码器与其他传感器的数据综合处理，提高系统的整体感知精度和可靠性。

未来的机器人应用中，编码器技术将继续发展。高分辨率、高精度和低功耗的编码器将满足越来越苛刻的应用需求。同时，智能编码器集成更多的功能，如自诊断和自校准，进一步提高系统的智能化水平。通过将先进的控制算法和数据处理技术结合，编码器将继续在机器人技术中发挥不可替代的关键作用。

（二）激光测距仪

激光测距仪是用于大范围定位的关键传感器，特别适合于移动机器人和无人系统的导航与避障任务。其工作原理是通过发射激光并测量反射时间来确定与物体之间的距离。这种测距方法不仅具有高精度，还能在较远的距离上有效工作，因此在现代机器人技术中得到了广泛应用。

激光测距仪的基本工作原理是时间飞行法（Time of Flight，ToF）。激光器发射一束激光，激光遇到物体表面反射回来，传感器接收反射激光并测量从发射到接收所需的时间。由于光速是已知的，测量这个时间差即可计算出激光发射点与物体之间的距离。这种方法能够实现高精度的距离测量，通常误差在毫米级别。激光测距仪具有显著的优势。首先是其高精度和高分辨率，能够精确测量距离，使得机器人能够精确导航和避障。其次是其高速测量能力，能够实时获取环境信息，满足动态环境中的应用需求。最后，激光测距仪具有良好的抗干扰能力，可以在各种光照条件下稳定工作，不受外界环境光照的影响。

在移动机器人中，激光测距仪的应用非常广泛。通过安装多个激光测距仪，机器人能够构建周围环境的三维地图，实现精确地定位和路径规划。例如，在自动驾驶车辆中，激光测距仪用于实时感知周围车辆、行人和障碍物的位置，辅助系统进行避障和路径规划，确保行驶安全。在仓储机器人中，激光测距仪能帮助机器人识别货架和货物的位置，精确执行搬运和存储任务。

同步定位与地图构建（SLAM）技术使机器人能够在未知环境中自主构建地图并确定自身位置。激光测距仪通过不断扫描周围环境，获取环境的距离信息，结合其他传感器的数据，如编码器和惯性测量单元（IMU），实时更新机器人的位置和环境地图。SLAM技术广泛应用于无人驾驶、无人机和服务机器人中,提高了这些系统的自主性和智能化水平。激光测距仪的高精度测量还在工业自动化中得到广泛应用。在制造业中,激光测距仪用于精确测量工件的位置和尺寸,辅助自动化设备进行精密加工和装配。在建筑和测绘领域,激光测距仪用于测量建筑物和地形的尺寸,提供精确的数据支持。

激光测距仪的技术发展也在不断进步。新型激光测距仪采用更高功率的激光器和更高灵敏度的传感器,提升了测量范围和精度。多线激光雷达技术(LiDAR)通过同时发射和接收多束激光,实现更高分辨率的环境扫描,广泛应用于无人驾驶汽车和高精度测绘系统中。此外,激光测距仪还集成了更多的智能功能,如目标识别和跟踪,进一步提高了系统的智能化水平。其广泛应用于导航、避障、SLAM技术以及工业自动化等领域,提高了系统的自主性和智能化水平。

(三)GPS

全球定位系统(GPS)是用于室外环境中的长距离定位技术,能够提供精确的地理位置数据。移动机器人和无人机常使用GPS进行导航和路径规划,以实现自主移动和精确定位。

GPS的工作原理基于卫星信号的传输和接收。GPS系统由至少24颗卫星组成,这些卫星在地球上空的中轨道上运行,每颗卫星不断向地面发射时间和位置信号。GPS接收器通过接收至少四颗卫星的信号,利用三角测量法计算出自身的三维位置(经度、纬度和高度)以及准确的时间信息。这种方式能够提供全球范围内的精确定位服务。

移动机器人在室外环境中需要精确的位置信息以进行导航和路径规划。GPS接收器安装在机器人上,实时接收卫星信号并计算位置信息。结合其他传感器,如惯性测量单元和激光测距仪,GPS能够提供连续、稳定的定位数据,使机器人在复杂环境中实现高精度导航。农业机器人利用GPS技术进行田间作业,如播种、施肥和收割,确保操作的精确性和效率。物流机器人在室外仓储和运输任务中,依靠GPS实现路径规划和自主移动,提高物流效率和准确性。

GPS为无人机提供实时的位置信息,帮助其在广阔的空域中准确飞行。无人机通过GPS实现自主起飞、悬停和降落,并能够在预定路径上精确飞行,完成各种任务,如空中拍摄、测绘、监控和物资运输。例如,在测绘任务中,无人机利用GPS技术进行航线规划和定位,结合高精度摄像设备,快速获取大面积区域的地理信息,生成精确的地形图和模型。

自动驾驶车辆需要精确的位置信息以进行路径规划、车道保持和避障操作。GPS接收器安装在车辆上，实时提供位置信息，结合车载传感器和高精度地图，自动驾驶系统能够准确定位车辆在道路上的位置，并根据交通状况和道路信息进行实时决策和控制，确保车辆行驶的安全和效率。

GPS技术的不断进步和优化，正在推动各类移动机器人和无人系统的发展。新型高精度、抗干扰的GPS接收器，以及更高效的算法和融合技术，将进一步提升定位精度和系统可靠性，拓展GPS在更多领域的应用。GPS作为一种关键的长距离定位技术，为移动机器人和无人系统提供了精确的地理位置数据。通过与其他传感器和数据融合技术的结合，GPS在导航、路径规划和自主移动中发挥着至关重要的作用，推动了自动化和智能化的发展。在未来，GPS技术的进一步发展和应用将为更多领域带来创新和变革。

二、速度传感器

速度传感器用于测量机器人的运动速度，确保其运动平稳和精准。

（一）陀螺仪

陀螺仪是一种用于测量角速度的传感器，广泛应用于移动机器人和无人机中，作用是帮助这些设备保持稳定和方向控制。其高精度和快速响应能力，使得陀螺仪在动态环境中也能够提供准确的运动信息，确保机器人和无人机能够执行复杂的任务。

常见的陀螺仪包括机械陀螺仪和微机电系统（MEMS）陀螺仪。机械陀螺仪利用一个高速旋转的转子，当外界施加角速度时，转子由于陀螺效应会产生一个垂直于旋转轴的力矩，这个力矩通过传感器测量，转换为角速度信号。MEMS陀螺仪则是利用科里奥利力效应，当陀螺仪发生旋转时，内部微结构振动会产生科里奥利力，这个力通过电容、压电等方式测量，并转换为角速度信号。移动机器人需要在各种复杂环境中导航和操作，陀螺仪提供的角速度信息是实现这些功能的关键。陀螺仪帮助机器人进行姿态估计和方向控制，通过实时测量机器人在各个方向上的旋转速度，控制系统能够准确计算机器人的姿态变化，调整运动轨迹，保持稳定行驶。例如，在室内导航机器人中，陀螺仪结合轮式编码器和激光测距仪的数据，提供精确的定位和路径规划信息，使机器人能够灵活避障和导航。

无人机在飞行过程中需要保持高度的姿态稳定性和方向控制，陀螺仪提供的实时角速度信息是实现这一目标的基础。无人机的飞控系统利用陀螺仪测量的角速度数据，实时调整电机转速和螺旋桨角度，保持无人机在飞行中的稳定性和可控性。特别是在快速机动和剧烈运动中，陀螺仪的高精度和快速响应能力确保无人机能够迅速调整姿态，避免失控。

惯性导航系统通过整合陀螺仪和加速度计的数据，提供连续的位置信息，特别适用于 GPS 信号不可靠或不可用的环境。陀螺仪测量的角速度数据与加速度计测量的加速度数据结合，通过积分运算，可以计算出机器人的姿态和位置变化，提供高精度的导航信息。惯性导航系统（INS）广泛应用于地下矿山、隧道和室内等复杂环境中的机器人和无人机导航。

高精度陀螺仪能够提供微小角速度变化的准确测量，提高系统的姿态控制精度。快速响应能力则确保陀螺仪能够实时捕捉高速运动中的瞬时变化，避免延迟和滞后影响控制效果。现代陀螺仪技术不断进步，MEMS 陀螺仪以其小型化、低功耗和高可靠性优势，在各种场景中得到了广泛应用。

陀螺仪在移动机器人和无人机中的广泛应用，是其高精度和快速响应能力的直接体现。通过提供实时的角速度信息，陀螺仪帮助这些设备实现精确的姿态控制和方向稳定，确保其在复杂环境中的高效和可靠操作。随着技术的不断发展，陀螺仪将在更多领域中发挥其关键作用，推动机器人和无人系统的进一步创新和应用。

（二）加速度计

加速度计是用于测量机器人的线速度和加速度的关键传感器，能够提供实时的运动状态信息。加速度计的应用在机器人和无人机系统中极为广泛，通过测量加速度，能够帮助这些系统实现精确的运动控制、姿态调整和导航。

加速度计的工作原理基于牛顿第二定律，即通过测量物体所受的力来确定其加速度。现代加速度计多采用微机电系统技术，利用内部的微小结构响应外界加速度的变化，通过电容、电阻或压电效应转换为电信号。这个信号经过处理和分析，可以提供物体在各个轴向上的加速度信息。在运动控制中，加速度计能够实时监测机器人的加速度变化，帮助控制系统及时调整驱动器的输出，以保持平稳运动。例如，在移动机器人中，加速度计用于检测启动、加速、减速和停止过程中的加速度变化，控制系统根据这些数据调整电机的转速和转矩，确保平稳行驶，避免打滑或碰撞。

INS 通过整合加速度计和陀螺仪的数据，提供连续的位置信息，特别适用于 GPS 信号不可靠或不可用的环境。加速度计测量的线加速度数据与陀螺仪测量的角速度数据结合，通过积分运算，可以计算出机器人的速度和位置变化。通过持续更新这些数据，INS能够在没有外部参考信号的情况下，提供高精度的导航信息。例如，在地下矿山、隧道和室内等复杂环境中，INS帮助机器人进行自主导航和定位，确保其在无GPS信号的情况下依然能够准确执行任务。

无人机在飞行过程中需要实时的加速度数据来调整姿态和稳定飞行。通过加速度计与陀螺仪结合，飞控系统能够实时检测飞行姿态的变化，如俯仰、滚转和偏航。通过分析加速度数据，飞控系统可以调整每个螺旋桨的速度和角度，确保无人机在风速变化、障碍物避让等复杂环境中的稳定飞行。例如，在无人机的自动悬停功能中，加速度计检测微小的位移和加速度变化，飞控系统根据这些数据实时调整悬停位置，保持无人机的稳定。自动驾驶系统通过加速度计获取车辆的加速和减速信息，结合GPS和其他传感器的数据，精确控制车辆的速度和方向。加速度计提供的数据能帮助自动驾驶系统判断道路状况、车速变化和紧急制动情况，确保行驶的安全性和舒适性。

高精度加速度计能够检测微小的加速度变化，提高系统的控制精度和导航精度。快速响应能力则确保加速度计能够实时捕捉运动中的瞬时变化，避免延迟影响控制效果。现代MEMS加速度计由于其小型化、低功耗和高可靠性，在各种应用中得到了广泛推广。

加速度计与陀螺仪结合能够实现精确的惯性导航系统，提供连续、稳定的位置信息。INS系统通过整合这两种传感器的数据，利用先进的算法进行实时计算和更新，实现高精度的导航和定位。在无人机导航中，INS系统不仅提供飞行路径信息，还能在GPS信号丢失时继续提供导航支持，确保无人机能安全返回。

三、力传感器

力传感器是用于检测外界作用于机器人末端执行器的力和力矩信息的关键组件，广泛应用于抓取和装配任务中。力传感器的作用在于提供实时的力反馈，帮助机器人实现精确的力控操作，从而确保操作的安全性和准确性。

（一）应变计

应变计是一种常见的力传感器，通过测量物体在受力后的形变来计算作用力。应变计通常由金属或半导体材料制成，这些材料在受力变形时，其电阻值会发生变化。应变计将这种电阻变化转换为电信号，通过测量电信号的变化来计算施加的力。应变计具有高精度和良好的线性度，广泛应用于机械手爪和关节的力控操作。

在机械手爪中，应变计可以实时检测抓取物体时的力变化，确保抓取力度适中，避免对物体造成损坏。例如，在抓取易碎物品时，手爪上的应变计可以监测抓取力，一旦检测到力过大，系统则会自动调整手爪的夹紧力度，防止物品破碎。在装配任务中，应变计可以检测装配过程中的力变化，确保各个部件正确装配并达到预定紧固程度，避免装配不良或过度紧固。

（二）压电传感器

压电传感器是另一种常用的力传感器，通过测量电荷变化来检测施加的力。压电材料在受力时会产生电荷，这种电荷的变化与施加的力成正比。压电传感器利用这一特性，能够高灵敏度和快速响应地检测力变化。由于其高灵敏度和快速响应能力，压电传感器更适用于高精度力控应用。

在高精度力控应用中，压电传感器能够实时检测微小的力变化，提供精确的力反馈。例如，在微电子装配中，机器人需要在微小且精密的元件之间进行操作，压电传感器可以检测极小的力变化，确保元件在装配过程中不会受损。在精密制造和实验设备中，压电传感器可以实时监测操作力，保证实验或加工过程的准确性和可靠性。

力传感器在机器人系统中的应用不仅局限于抓取和装配任务，还包括其他需要精确力控的操作。例如，在医疗机器人中，力传感器用于手术工具的力反馈，能够帮助医生在远程手术过程中感知手术刀具的操作力，确保手术的安全和精确。在服务机器人中，力传感器用于与人类的交互，检测外界施加的力，调整机器人的响应动作，提供更加自然和安全的交互体验。高精度力传感器能够检测到微小的力变化，提高系统的控制精度。快速响应能力则确保力传感器能够实时捕捉瞬时力变化，避免延迟影响控制效果。现代力传感器技术不断进步，传感器的小型化、低功耗和高可靠性，使其在各种应用中都得到了广泛推广。

力传感器作为关键传感器，通过提供实时的力反馈，确保机器人在抓取、装配和其他精确力控操作中的安全性和准确性。应变计和压电传感器各具优势，适用于不同的力控应用场景。

四、视觉传感器

通过摄像头和图像处理技术获取环境和物体的图像信息。这些传感器能够提供丰富的视觉数据，帮助机器人进行环境感知、物体识别、路径规划和导航等任务。

（一）摄像头

摄像头是视觉传感器的核心元件，用于捕捉环境和目标物体的图像。单目摄像头能够获取二维图像，常用于基础的视觉任务，如颜色检测、形状识别和图案匹配。由于单目摄像头结构简单、成本低廉，被广泛应用于许多机器人应用中。例如，在生产线上的质量检测中，单目摄像头能够拍摄产品的外观图像，结合图像处理算法，检测产品是否存在缺陷或瑕疵。此外，单目摄像头还用于机器人导航，通过地标识别和路径标记引导机器人行进。

双目摄像头则由两个摄像头组成，通过模拟人类的双眼视差原理，获取三维深度信息。双目摄像头拍摄的两幅图像通过视差计算，可以生成物体的三维结构和距离信息。双目视觉技术广泛应用于机器人避障、抓取和环境建模等任务。例如，在自动驾驶领域，双目摄像头用于检测前方障碍物的距离和形状，帮助车辆实时调整行驶路径，避免碰撞。在工业机器人中，双目摄像头则用于抓取物体，通过获取物体的三维位置和姿态，指导机械手精确抓取和放置物体。

（二）深度传感器

深度传感器是另一种关键的视觉传感器，通过红外线、激光或结构光技术，获取物体的三维形状和距离信息。红外线深度传感器利用红外光反射原理，通过测量反射光的时间差或相位差，计算物体的距离信息。这种传感器在环境光线变化较大的情况下仍能稳定工作，广泛应用于室内机器人导航和避障。

激光深度传感器（LiDAR）通过发射激光束并测量反射时间，获取高精度的三维环境信息。LiDAR 的高分辨率和远距离测量能力，使其在无人驾驶和高精度测绘中得到广泛应用。LiDAR 能够实时构建周围环境的高精度三维地图，帮助无人驾驶车辆进行路径规划和障碍物检测。

结构光深度传感器通过投射特定图案的光线到物体表面，再由摄像头捕捉图案的变形情况，通过解析这些变形，计算出物体的三维形状和距离信息。结构光技术在消费级设备中得到广泛应用，如智能手机的人脸识别和手势控制。机器人也广泛采用结构光深度传感器，用于细致的物体识别和精确的环境建模。

视觉传感器的数据处理和分析是实现高效视觉感知的关键。图像处理算法包括边缘检测、形状识别、颜色分析和特征提取等，能够将摄像头捕捉到的原始图像转换为有用的信息。例如，通过边缘检测和形状识别，机器人能够从复杂的背景中识别出目标物体，并确定其位置和姿态。特征提取和匹配算法则用于图像识别和定位，通过提取图像中的特征点并与数据库中的模板进行匹配，实现对目标物体的识别和定位。

视觉传感器在机器人系统中的广泛应用推动了智能化和自动化的发展。从基础的二维图像获取到复杂的三维环境建模，视觉传感器为机器人提供了丰富的感知能力，使其能够在各种应用场景中高效工作。随着技术的不断进步，视觉传感器将继续发挥其关键作用，推动机器人技术的进一步创新和应用。

五、数据融合技术

数据融合技术是机器人感知系统中的关键技术，通过综合利用多种传感器的数据，提高感知的精度和可靠性。多传感器数据融合能够弥补单一传感器的局限性，提供更全面和精确的环境和状态信息。卡尔曼滤波和粒子滤波是两种经典的数据融合算法，各自在不同应用场景中发挥重要作用。

（一）卡尔曼滤波

卡尔曼滤波是一种用于线性系统的递归估计算法，广泛应用于位置和速度估计。它通过将传感器测量数据与系统的动态模型结合，实时更新机器人的状态估计值。卡尔曼滤波假设系统噪声和测量噪声服从高斯分布，在此基础上，卡尔曼滤波器通过两个阶段来工作：预测阶段和更新阶段。在预测阶段，卡尔曼滤波器利用系统的动态模型预测下一时刻的状态；在更新阶段，它利用传感器的测量数据修正预测值，从而得到当前时刻的最佳状态估计。

卡尔曼滤波的优点在于其计算效率高，适用于实时应用，并且能够在存在噪声和不确定性的情况下提供精确的状态估计。例如，在机器人导航中，卡尔曼滤波能够将 GPS、IMU 和编码器的数据融合起来，提供高精度的位置和速度估计，确保机器人能够在复杂环境中稳定行驶。卡尔曼滤波还被广泛应用于无人机的姿态控制，通过融合陀螺仪和加速度计的数据，实现高精度的姿态估计，确保无人机在飞行过程中的稳定性。

（二）粒子滤波

粒子滤波是一种基于蒙特卡罗方法的非线性滤波算法，适用于处理复杂和非线性系统中的状态估计问题。与卡尔曼滤波不同，粒子滤波不假设噪声服从高斯分布，而是通过一组粒子的权重更新和重采样过程，逼近系统的概率分布。粒子滤波通过生成大量随机粒子，每个粒子代表的系统状态，根据传感器数据和系统模型更新粒子的权重，重采样过程会确保粒子集中在高概率区域，从而实现对系统状态的估计。

粒子滤波的优点在于其灵活性和适用性，能够处理高度非线性和非高斯分布的状态估计问题。在机器人定位和导航中，粒子滤波能够处理复杂的环境和动态变化，提供可靠的位置信息。例如，在室内定位系统中，粒子滤波结合激光测距仪和视觉传感器的数据，实时构建环境地图和机器人位置，确保机器人能够在未知和动态环境中自主导航。粒子滤波还在自主驾驶中应用广泛，通过融合激光雷达、摄像头和惯性测量单元的数据，提供高精度的车辆位置和路径规划信息，确保自动驾驶系统的安全和稳定。

数据融合技术通过卡尔曼滤波和粒子滤波等算法的应用，实现了多传感器数据的综合利用，提升了机器人系统的感知能力和可靠性。卡尔曼滤波适用于线性系统和实时应用，提供高效的状态估计，而粒子滤波则能够处理复杂和非线性系统中的状态估计问题，提供灵活和可靠的位置信息。通过这些数据融合算法，机器人能够在复杂环境中实现高精度的定位、导航和操作，推动了智能化和自动化的进一步发展。

在实际应用中，数据融合技术还需要结合其他先进算法和技术。图像处理和机器学习技术可以进一步提升传感器数据的利用效率和感知精度。结合深度学习的图像识别和语义分割技术，视觉传感器的数据可以提供更丰富的环境信息，为卡尔曼滤波和粒子滤波提供更准确的输入。此外，传感器校准和噪声滤波技术也是数据融合的关键环节，能确保传感器数据的准确性和一致性。

数据融合技术通过综合利用多种传感器的数据，显著提高了机器人感知系统的精度和可靠性。卡尔曼滤波和粒子滤波作为经典的数据融合算法，在不同的应用场景中发挥着重要作用，推动了机器人技术的不断进步和广泛应用。

六、实时数据处理

实时数据处理是机器人感知与数据获取的核心，确保传感器数据能够快速、准确地转换为有用的信息,以支持实时控制和决策。这一过程依赖高效的嵌入式处理器和实时操作系统,两者共同作用,构成了机器人系统的关键基础。

(一)嵌入式处理器

嵌入式处理器是机器人系统中的核心计算单元,负责处理从各类传感器获取的数据。嵌入式处理器通常具有高效的计算能力和低功耗特性,能够在有限的资源环境中实现复杂的计算任务。嵌入式处理器利用其多核架构、并行计算和专用硬件加速器,提高数据处理速度和效率。例如,在视觉处理任务中,嵌入式处理器能够快速解码摄像头图像,进行边缘检测、特征提取和目标识别,为后续的路径规划和动作执行提供准确的数据支持。

嵌入式处理器在实时数据处理中扮演着多种角色。一方面,它处理来自传感器的原始数据,通过滤波、去噪和校准等预处理步骤,提高数据的准确性和可靠性;另一方面,它运行各种传感器融合算法,如卡尔曼滤波和粒子滤波,将不同传感器的数据综合处理,从而生成更加精确的环境和状态信息。例如,在无人驾驶汽车中,嵌入式处理器实时处理来自激光雷达、摄像头和惯性测量单元的数据,融合生成高精度的环境地图和车辆状态,为自动驾驶系统提供可靠的导航和控制数据。

(二)实时操作系统

实时操作系统是确保传感器数据实时采集和处理的关键软件平台。RTOS通过高效的任务调度和资源管理,实现系统各部分的协调工作。RTOS具有确定性和低延迟的特点,能够确保高优先级任务在预定时间内得到执行,这是实现机器人系统实时性要求的关键。例如,在机器人控制系统中,RTOS通过优先调度传感器数据采集任务,确保传感器数据能够以毫秒级甚至微秒级的频率实时更新,避免因数据滞后导致的控制误差。

RTOS在资源管理方面发挥着重要作用。机器人系统通常由多个任务和线程组成,包括传感器数据处理、运动控制、路径规划和通信等。RTOS通过合理的资源分配和任务调度,确保各任务能够高效运行,避免资源冲突和死锁。例如,在自主导航任务中,RTOS可以动态调整资源分配,并根据环境复杂度和任务优先级,优化计算资源的使用,提高系统整体性能和响应速度。

嵌入式处理器与RTOS的结合,使机器人系统能够在复杂和动态的环境中实现高效、可靠的实时数据处理。以无人机为例，嵌入式处理器实时处理来自多个传感器的数据，包括 GPS、IMU 和摄像头，RTOS 则负责任务调度和资源管理，确保飞控系统在快速变化的飞行环境中能够稳定工作。通过这种结合，无人机能够实现精准的姿态控制、路径规划和避障功能，保证飞行的安全和稳定。

总之，实时数据处理是机器人感知与数据获取的核心，通过高效的嵌入式处理器和实时操作系统的结合，确保传感器数据能够快速、准确地转换为有用的信息。这种高效的数据处理能力是实现机器人实时控制和智能决策的基础，还推动了机器人技术在工业、医疗、服务等领域的广泛应用和发展。

机器人传感与数据获取技术是实现智能化和高效操作的关键。通过位置传感器、速度传感器、力传感器和视觉传感器等多种传感器的综合应用，结合先进的数据融合技术和实时数据处理方法，机器人能够实时感知环境和自身状态，实现高精度的运动控制和智能决策。这些技术的不断发展和优化，将推动机器人在工业、医疗、服务等领域的广泛应用。

第四章 机器人编程与操作

机器人编程与操作是实现机器人系统功能的关键环节,决定了机器人的灵活性、智能化水平以及整体性能。本章将从编程语言与接口、运营效率与优化两个方面进行深入探讨。首先,我们将介绍用于机器人编程的主要编程语言与接口,探讨如何通过高效的编程方法和友好的开发环境实现机器人功能的快速开发和调试。其次,我们将分析影响机器人运营效率的因素,探讨通过优化算法、系统配置和操作流程来提升机器人系统的整体效能,以实现高效、稳定的机器人应用。通过对这两方面的详细阐述,我们将全面了解机器人编程与操作的核心技术和优化策略,为实现智能化、高效能的机器人系统提供理论和实践支持。

编程语言与接口

工业机器人的编程语言与接口是实现其功能和操作的核心技术。编程语言决定了开发者如何编写指令用以控制机器人,而接口则是机器人与外部系统进行通信和交互的桥梁。选择合适的编程语言和接口,可以显著提高开发效率和机器人性能。以下是对主要编程语言与接口的深入论述。

一、编程语言

(一) RAPID

RAPID 是由 ABB 机器人公司开发的一种高级编程语言,广泛应用于工业机器人编程。该语言以其简洁易学的语法、强大的运动控制功能和丰富的内置函数著称,使得开发者能够高效地编写、调试和维护复杂的机器人程序。RAPID 支持多任务处理和模块化编程,适用于焊接、装配、搬运等多种工业应用，显著提高了机器人操作的灵活性和效率。

RAPID 广泛应用于多个工业领域，提高了自动化水平和生产效率。在焊接自动化中，RAPID 通过精确的运动控制和传感器接口，确保焊接质量和效率，能够编写复杂的焊接路径和工艺参数，适应不同材料和工件的需求。在搬运和装配应用中，RAPID 用于编写机器人抓取、搬运和组装的程序，其灵活的运动控制和多任务处理能力，使机器人能够高效完成复杂的装配任务。喷涂自动化中，RAPID 通过精确的路径控制和喷涂参数设置，确保涂层的均匀性和质量，开发人员可以根据不同工件的形状和要求编写定制的喷涂程序。此外，RAPID 还用于物流和物料处理自动化，通过编写高效的搬运和堆垛程序，提高仓储和生产线的效率，其多任务处理能力使机器人能够同时处理多个物料，提高生产线的灵活性和吞吐量。

（二）KRL

KRL（KUKA Robot Language）是由 KUKA 公司开发的专用编程语言，用于编写和控制 KUKA 机器人。KRL 具备丰富的控制语句和函数，支持复杂的运动和逻辑控制，广泛应用于汽车制造、航空航天等重工业领域，主要提供高精度和高可靠性的机器人操作。

在汽车制造中，KRL 用于控制焊接机器人，精确执行点焊和弧焊任务。通过复杂的路径规划和动态调整，机器人能够应对不同车型和焊接要求，保证焊接质量和效率。在航空航天领域，KRL 可以控制机器人进行复合材料的切割和钻孔操作，其高精度运动控制和实时响应能力确保了操作的精确性和一致性，能够满足严格的航空制造标准。KRL 在电子产品制造中也应用广泛，控制机器人进行电路板的装配和焊接。通过传感器融合和协作控制，机器人能够高效完成微小元件的精密装配，提高产品质量和生产效率。

（三）VAL3

VAL3 是由 Stäubli 机器人公司开发的专用编程语言，设计用于控制和编写 Stäubli 机器人的操作程序。VAL3 语言以其强大的运动控制功能和灵活的编程结构，广泛应用于各种工业自动化任务中。

VAL3 语言凭借其强大的运动控制和多任务处理能力，在高精度装配、医疗和电子制造等领域也得到了广泛应用。在高精度装配中，VAL3 确保了零件的精确安装和调试，通过精细的控制命令和实时调整，提高了装配质量和一致性。在医疗领域，VAL3 用于控制手术机器人和医疗设备的装配，其精确的运动控制和高响应速度保证了手术操作的安全性和精确性，以及医疗设备装配的高洁净度和可靠性。在电子制造中，VAL3 被广泛应用于电路板装配和元器件测试，通过实时路径调整和精细操作，实现了高质量的电子产品制造，确保了焊点精度和电气连接的可靠性。通过这些应用，VAL3 推动了各个行业的自动化和精细化发展，提高了生产效率和产品质量。

（四）Python

Python 是一种通用编程语言，以其简洁易学的语法和强大的库支持，在多个领域广泛应用。近年来，Python 在机器人编程中也得到了广泛应用，因其丰富的库和框架（如 ROS）使机器人控制、数据处理和机器学习变得更加高效和便捷。

Python 在机器人研究和教育领域得到了广泛应用，其通过 ROS（机器人操作系统）等框架，能够实现复杂的机器人控制和数据处理任务。在机器人研究领域，Python 简化了复杂控制系统的实现过程，提供了强大的数据处理和机器学习工具，使研究人员能够高效地进行运动控制、路径规划、传感器数据处理和机器学习算法开发。在教育领域，Python 因其易学易用的特点，则被广泛应用于编程教育和入门培训，帮助学生通过编写简单的 Python 脚本，控制机器人进行基本操作和理解机器人系统工作原理。此外，Python 在各种机器人项目和竞赛中作为主要编程语言，使得项目开发更加高效和模块化。许多教育机器人套件和平台，如 LEGO Mindstorms、VEX Robotics 和 Raspberry Pi，都支持 Python 编程，使学生能够通过实际项目动手操作，激发学习兴趣和创新思维。通过这些应用，Python 推动了机器人技术的发展和普及，为研究人员和学生提供了强大的开发和学习工具。

（五）C/C++

C/C++ 是高性能编程语言，广泛应用于底层系统开发和高效计算任务。C 语言以其简洁、直接的语法和强大的低级别内存操作能力，被广泛用于操作系统、嵌入式系统和驱动程序开发。C++ 在 C 语言的基础上增加了面向对象编程特性和丰富的标准库，适用于大型软件系统和高性能应用的开发。

C/C++ 在工业机器人中的应用场景广泛，涵盖运动控制、路径规划和实时数据处理等多个方面。在焊接机器人中，C/C++ 的低级硬件访问和实时控制能力确保了焊接路径和焊点的准确性，提高了焊缝的一致性和质量；在包装和装配流水线中，C/C++ 的实时控制能力使机器人能够快速、精确地抓取和放置物体，提高生产效率和产品质量。在仓储机器人和自动驾驶叉车中，C/C++ 通过实现复杂的路径规划算法和动态调整路径，确保机器人高效、安全地移动，优化物流和存储效率。在质量检测系统中，C/C++ 的高效数据处理能力使其能够快速分析传感器数据，识别产品缺陷并提供实时反馈，提高生产线的自动化水平和产品质量。此外，C/C++ 的稳定性能和内存管理能力确保了工业机器人在长时间连续运行中的稳定性，减少停机时间和维护成本，推动了工业自动化的发展和创新。

二、应用接口

（一）工业通信协议

工业通信协议如 Modbus、EtherCAT、PROFINET 和 CANopen 等，是实现机器人与工业设备和系统之间通信的标准协议。这些协议提供了统一的通信标准，使得不同设备和系统能够无缝连接和协作，确保工业自动化系统的高效运行。

这些工业通信协议具有一些共同的特点，使其特别适合在工业环境中使用。首先，它们具有高可靠性，要确保数据在传输过程中不易丢失或出错，这是工业控制系统正常运行的基础。其次，这些协议设计为低延迟，以满足工业控制的实时性要求，保证系统能够快速响应和处理各类操作指令。最后，工业通信协议还具有强抗干扰能力，能够在复杂的工业环境中稳定运行，避免因电磁干扰等因素导致的通信故障。这些特点使得工业通信协议能够在高噪声和电磁干扰严重的环境中保持稳定的通信性能，确保系统的可靠性和安全性。

在实际应用中，工业通信协议被广泛用于机器人与 PLC、传感器、执行器和其他自动化设备之间的通信。通过这些协议，机器人能够实时获取传感器数据和 PLC 指令，进行精确的运动控制和任务执行。使用 Modbus 协议，机器人可以与 PLC 交换数据，实现对生产线各个部分的协调控制。EtherCAT 协议以其高速和高效的通信能力，被广泛应用于需要高精度同步控制的场合，如机器人多轴运动控制。PROFINET 协议则广泛用于需要高度集成和灵活性的工业自动化系统，通过其强大的数据处理能力和灵活的网络配置，确保系统各部分的高效协同工作。CANopen 协议以其高可靠性和实时性,常用于移动机器人和车辆控制系统中,通过实时传输控制指令和传感器数据,可以保证系统的快速响应和精确操作。

通过这些工业通信协议,工业机器人能够与各种自动化设备无缝连接,形成一个高度集成和协同工作的自动化系统。这不仅提高了系统的整体效率和可靠性,还简化了系统的设计和维护过程。通过标准化的通信协议,开发者能够更容易地集成不同厂商的设备,减少系统集成的复杂性和成本。同时,这些协议的高可靠性和低延迟特性,还确保了系统在高负荷和高要求的工业环境中的稳定运行,推动了工业自动化技术的不断进步和创新。

工业通信协议如 Modbus、EtherCAT、PROFINET 和 CANopen 等,通过其高可靠性、低延迟和强抗干扰能力,为工业机器人与其他自动化设备之间的高效通信提供了坚实的基础,确保了系统的协同工作和数据一致性,广泛应用于各类工业自动化系统中,推动了工业自动化技术的发展和应用。

(二) ROS

ROS(Robot Operating System)是一个开源的机器人操作系统框架,提供了丰富的工具和库,用于机器人控制和数据处理。作为一个灵活且强大的开发平台,ROS 极大地简化了机器人系统的开发和调试过程,使其成为机器人研究和应用中的重要工具。

ROS 具有模块化结构,这意味着一个复杂的机器人系统可以分解为多个独立的功能模块(节点)。每个节点可以执行特定的任务,如传感器数据采集、运动控制、路径规划等。这种模块化设计使得开发者可以专注于单个节点的开发和测试,并且提高了开发效率和系统的可维护性。此外,模块化结构允许各个节点在不同的机器上运行,通过网络进行通信,支持分布式计算。分布式计算能力使得 ROS 能够处理大量并行任务,特别适合需要高计算能力的机器人应用,如实时图像处理和复杂的路径规划。

现代机器人系统通常配备多种传感器,如激光雷达、摄像头、IMU 等。ROS 提供了统一的接口和数据格式,使得开发者可以轻松地集成和处理来自不同传感器的数据。通过使用 ROS 的工具和库,可以实现传感器数据的同步、滤波和融合,提高机器人的环境感知能力和决策精度。在自主导航应用中,机器人可以通过融合激光雷达和摄像头数据,构建更加准确和可靠的环境地图,增强导航和避障能力。

在学术研究领域，ROS 因其开源性和灵活性，成为研究人员实验和验证新算法的理想平台。许多机器人竞赛和挑战赛（如 RoboCup、DARPA Robotics Challenge）都采用 ROS 作为标准平台，促进了技术交流和合作。在机器人原型开发中，ROS 提供了大量现成的功能包和工具，使得开发者可以快速构建和测试原型系统，验证概念和功能。而在复杂机器人系统的集成方面，ROS 通过其标准化接口和消息传递机制，实现了不同功能模块和硬件设备之间的高效协同和互操作。另外，在制造和物流自动化中，使用 ROS 可以方便地集成机器人手臂、移动平台和传感器系统，实现从订单处理到货物分拣和运输的全流程自动化。

ROS 作为一个开源的机器人操作系统框架，通过其模块化结构、支持分布式计算和多传感器数据融合的特点，为机器人系统的开发和调试提供了强大的工具和模型库。ROS 被广泛应用于学术研究、机器人原型开发和复杂机器人系统集成领域，并通过标准化接口和消息传递机制，实现了机器人系统的高效协同和功能扩展，推动了机器人技术的发展和应用。

（三）API

API（Application Programming Interface）（应用程序接口）是提供编程语言与机器人控制系统之间交互的方法和工具，极大地简化了机器人应用的开发和集成。API 通常由机器人制造商提供，包含控制机器人运动、读取传感器数据和执行任务指令的函数和方法，使得开发者可以直接调用这些预定义的接口来实现复杂的机器人功能。

机器人制造商根据具体机器人的硬件结构和功能特性，设计并提供了专门的 API 接口，涵盖运动控制、传感器数据读取和任务执行等各个方面。通过调用运动控制 API，开发者可以轻松实现对机器人各个关节的精确控制，指定移动路径和速度。传感器数据读取 API 则允许开发者获取实时的传感器数据，如摄像头图像、激光雷达扫描结果、力矩传感器数据等，为进一步的数据处理和决策提供基础。任务指令 API 能够执行特定的机器人任务，如抓取物体、进行焊接或组装操作，确保机器人能够按照预定的步骤高效完成工作。

通过调用 API 函数，开发者可以根据具体应用需求定制机器人行为，实现特定的功能和任务。在工业制造中，开发者可以使用 API 编写复杂的运动控制程序，使机器人能够精准地完成焊接、喷涂和装配等任务。在服务机器人领域，API 使得开发者可以实现机器人与环境和用户的交互，通过读取传感器数据和执行交互指令，提供个性化的服务。在物流自动化中，API 能够帮助开发者实现机器人路径规划、货物搬运和仓储管理等功能，提高物流系统的效率和自动化水平。

API 在定制化开发机器人应用方面具有广泛的应用。通过调用 API 函数，开发者可以实现特定的功能和任务，如定制化的运动控制、数据处理和任务调度。运动控制 API 允许开发者实现精确的机器人运动和路径规划，通过编写自定义算法，优化机器人的移动效率和准确性。传感器数据读取 API 使得开发者可以实时获取并处理传感器数据，进行环境建模、目标识别和状态监测。任务指令 API 则支持开发者编写复杂的任务执行程序，控制机器人按照特定流程执行一系列操作，提高生产效率和任务完成质量。

在自动化生产线上，开发者可以使用 API 实现机器人与其他设备的协同工作，通过数据共享和任务分配，优化生产流程。在智能家居中，开发者可以通过 API 控制服务机器人进行家庭清洁、监控和互动等任务，提高生活便利性和安全性。在医疗机器人领域，API 使得开发者可以实现机器人在手术和护理中的精准操作，提高医疗服务质量。

API 作为应用程序接口，通过提供便捷和专业的函数及方法，使得开发者能够高效地与机器人控制系统进行交互，从而实现复杂的机器人功能和任务。API 的便捷性、专业性和高度可定制性，使其在定制化开发机器人应用中具有广泛的应用，通过调用 API 函数，开发者可以实现特定的功能和任务，如定制化的运动控制、数据处理和任务调度等，推动了机器人技术的应用和发展。

（四）Web 接口

Web 接口通过 HTTP 或 WebSocket 协议，实现机器人与外部系统的远程通信和控制。这种接口利用互联网技术，使机器人系统能够与远程服务器、客户端应用和其他网络设备进行高效的数据交换和控制指令传递。

通过标准的 HTTP 或 WebSocket 协议，开发者可以设计和实现与机器人系统的交互功能，使得任何支持这些协议的设备（如 PC、平板电脑、智能手机等）都能够访问和控制机器人。这种跨平台特性大大增加了系统的灵活性和可访问性，用户只需通过 Web 浏览器或专门的移动应用，就可以远程访问机器人系统，进行监控和操作，而不受限于特定的操作系统或硬件设备。

在具体应用中，Web 接口广泛用于机器人远程监控、诊断和维护。通过

Web接口，用户可以实时查看机器人的状态，包括其位置、速度、传感器读数和任务执行情况。对于工业机器人和自动化生产线，实时状态监控是确保系统正常运行和提高生产效率的关键。用户可以通过Web界面，直观地了解机器人的工作状态，及时发现和处理潜在问题，避免停机和生产中断。

Web接口还支持远程控制和指令发送，用户可以通过Web浏览器或移动应用发送控制指令，调整机器人工作参数或执行特定任务。这种远程控制功能在需要频繁调整和管理的应用场景中尤为重要。例如，在农业机器人应用中，农场主可以通过Web接口远程控制农机设备，根据需要随时调整工作路线和操作参数，提高农作物的管理效率和产量。通过Web接口，用户不仅可以发送控制指令，还可以接收反馈信息，确认任务执行结果和系统状态，确保操作的准确性和安全性。

通过远程诊断功能，技术人员可以实时访问机器人系统的运行日志和诊断数据，分析故障原因和性能问题，提供及时的维护和支持。对于分布在不同地理位置的机器人系统，远程诊断和维护功能可以显著减少现场维护的时间和成本，提高系统的可靠性和可维护性。

Web接口通过HTTP或WebSocket协议，实现机器人与外部系统的远程通信和控制，其跨平台和跨设备访问的特点，使得用户可以通过网络实现远程监控和管理并广泛应用于机器人远程监控、诊断和维护中。另外，Web接口通过Web浏览器或移动应用，使用户能够实时查看机器人状态、发送控制指令和接收反馈信息，提升了系统的灵活性、可访问性和管理效率，推动了机器人技术在各个领域的应用和发展。

工业机器人的编程语言与接口是实现其功能和操作的关键要素。选择合适的编程语言，如RAPID、KRL、VAL3、Python和C/C++，能够显著提高开发效率和系统性能。结合工业通信协议、ROS、API和Web接口，机器人可以实现高效的通信和数据交换，确保系统的协同工作和功能扩展。通过深入理解和应用这些编程语言与接口，开发者能够设计和实现智能化、高效能的工业机器人系统，推动工业自动化的发展和创新。

运营效率与优化

工业机器人运营效率与优化是提高生产力、降低成本和确保产品质量的关键。以下是关于如何通过优化设计、编程、控制系统、数据分析和维护来提升工业机器人的运营效率的深入论述。

一、设计优化

(一)模块化设计

模块化设计是工业机器人领域的一项关键技术,有助于提高生产效率和系统灵活性。模块化设计的核心思想是将复杂的机器人系统分解为多个独立且可互换的模块,每个模块负责特定的功能或任务。这种设计方法不仅简化了系统的组装、调试和维护过程,还为系统的扩展和升级提供了极大的便利。

在传统的机器人系统中,各个部件通常紧密集成在一起,组装过程复杂且耗时。而模块化设计则将系统分为多个独立的模块,这些模块可以在生产线上预先组装并测试,然后在最终组装时快速集成在一起。这不仅缩短了组装时间,还提高了组装过程的精确性和可靠性。此外,模块化设计还简化了调试过程。由于每个模块在组装前已经经过单独测试,使整个系统的调试工作可以集中在模块间的接口和集成上,减少了调试时间和难度。

在工业生产中,设备的故障和维护是不可避免的。传统机器人系统的维护通常需要停机拆解多个部件,过程烦琐且容易影响生产。而模块化设计允许单个模块的独立更换和维护。出现故障时,技术人员只需更换故障模块,无须拆解整个系统,从而大大缩短了停机时间,提高了设备的可用性和维护效率。在汽车制造业中,如果焊接机器人某个关节模块出现问题,技术人员可以快速拆下故障模块,安装备用模块,使生产线迅速恢复正常运行,避免长时间停工带来的经济损失。

随着技术的不断进步和生产需求的变化,工业机器人系统需要不断升级以保持竞争力。模块化设计使得系统升级不再需要大规模的设备更换和重新设计,只需更换或增加相应的功能模块即可。在生产线上增加新的产品型号时,可以通过添加新的末端执行器模块或传感器模块来适应新产品的生产需求,而不必更换整个机器人系统。这种灵活性大大降低了系统升级的成本和复杂性，提高了生产线的响应速度和市场适应能力。

在现代制造业中，个性化和定制化生产需求不断增加，要求生产线能够快速调整和切换生产任务。模块化设计允许生产线根据不同的生产任务快速更换和调整模块，实现不同产品的灵活生产。在汽车制造业中，可以通过更换焊接模块、喷涂模块或装配模块，实现不同车型或部件的生产，从而提高生产线的柔性制造能力和市场竞争力。

模块化设计在工业机器人系统中的应用显著提高了生产效率、灵活性和维护便捷性，减少了停机时间，降低了维护和升级成本。通过将复杂系统分解为独立且可互换的模块，模块化设计不仅简化了系统的组装和调试过程，还为系统的扩展和升级提供了极大的灵活性。这种设计方法在汽车制造等需要快速响应和高效生产的行业中，展现出了巨大的优势和应用潜力。

（二）轻量化材料

使用轻量化材料在工业机器人设计和制造中发挥着重要作用，能够显著减少机器人的能耗和磨损，提高运动效率和寿命。工业机器人通常需要执行高频率、高强度的任务，如搬运、焊接和装配等。这些任务要求机器人具有良好的运动性能和耐久性，而轻量化材料的应用恰好能够有效满足这些需求。

轻量化材料，如铝合金和碳纤维，具备高强度和低密度的优点，使其成为理想的机器人结构材料。铝合金因其良好的机械性能和加工性能，广泛应用于机器人框架和结构部件。铝合金的高强度保证了机器人在承受较大负载时不会发生变形和损坏，而其低密度的特性则显著降低了机器人的自重，减少了驱动系统的负荷，从而降低了能耗。铝合金还具有良好的抗腐蚀性能，适用于各种工业环境，并且能延长机器人的使用寿命。

碳纤维材料则因其超高的强度和极低的密度，在高性能工业机器人中得到了广泛应用。碳纤维材料不仅能够提供卓越的刚性和强度，还能够显著减轻机器人的重量，提高运动速度和效率。碳纤维的应用可以减少机器人运动部件的惯性，使其能够更快速地响应控制指令，实现更高精度的运动控制。在需要高速运动和高精度操作的机器人应用中，碳纤维材料的使用能够显著提高系统的整体性能和效率。此外，碳纤维材料的热膨胀系数较低，能够在高温环境中保持较高的尺寸稳定性，有利于提高机器人的工作精度和可靠性。

使用轻量化材料还能够减少机器人的磨损，从而延长其使用寿命。机器人的关节和传动系统在长期高强度工作中容易产生磨损，轻量化设计能够降低这些部件的负荷，减少磨损速度。在关节和传动系统中使用铝合金或碳纤维材料，可以减轻摩擦和冲击，延长机械部件的使用寿命，降低维护和更换成本。

轻量化材料的应用不仅在单个机器人中发挥作用，还能够提高整个自动化系统的效率和灵活性。在生产线上，使用轻量化材料制成的机器人能够更灵活地移动和操作，提高生产线的响应速度和效率。在汽车制造和电子装配等需要频繁搬运和操作的场合，轻量化机器人能够提高工作效率，减少生产周期。此外，轻量化材料的使用还可以减少能源消耗，降低生产成本和环境影响，符合现代工业绿色制造的要求。

轻量化材料在机器人末端执行器（如机械手爪、焊接枪和喷涂喷头）中的应用也具有显著优势。末端执行器通常需要高精度、高速度地操作，轻量化材料能够减少执行器的质量，提高其响应速度和操作精度。使用碳纤维材料制作的机械手爪能够快速、精准地抓取和放置物体，提高效率和产品质量。

在航空航天、医疗和服务机器人等高要求领域，轻量化材料的应用同样具有重要意义。航空航天机器人通常需要在极端环境下执行高精度任务，轻量化材料能够提供必要的强度和稳定性，同时减轻自重，提高任务执行的效率和安全性。医疗机器人则需要在手术和护理中进行高精度操作，轻量化设计能够减轻操作负担，提高机器人灵活性和精度，从而提升医疗服务质量。

铝合金和碳纤维等轻量化材料不仅具备高强度，还能有效降低机器人的自重，提升其运动灵活性和速度，广泛应用于各类工业和高要求领域，为提高生产效率、降低成本和实现绿色制造提供了重要支持。

二、编程与控制系统优化

（一）高级编程语言和接口

使用高级编程语言［如 RAPID、KRL（KUKA Robot Language）、VAL3、Python］和标准化接口（如 API 和 Web 接口）对工业机器人进行编程和控制，可以显著提高编程效率和系统集成度。这些高级编程语言提供了丰富的控制函数和调试工具，使得开发者能够高效地编写和调试机器人程序，优化机器人的运动路径和工作流程。

RAPID、KRL 和 VAL3 等语言是专门为工业机器人开发的高级编程语言，提供了全面的运动控制指令和逻辑控制功能。RAPID 是 ABB 机器人使用的编程语言，具有简单直观的语法和强大的功能库，开发者可以轻松实现复杂的运动控制和任务编排。KRL 则是 KUKA 机器人使用的编程语言，支持多种运动控制模式和复杂的逻辑操作，适用于高精度和高复杂度的任务。VAL3 是 Stäubli 机器人使用的编程语言，具有高效的并行处理能力和灵活的控制指令，能够实现精确的运动控制和实时数据处理。

Python 作为一种通用编程语言，也在机器人编程中得到广泛应用。Python 语言简单易学，具有丰富的库和框架支持，如 ROS（机器人操作系统），使得开发者可以快速实现复杂的机器人控制和数据处理任务。Python 的高效开发和调试工具，如 Jupyter Notebook 和 PyCharm，进一步提高了开发效率和代码质量。

标准化接口（如 API 和 Web 接口）使得机器人系统的集成更加便捷和灵活。API 提供了与机器人控制系统的编程语言无关的接口，使不同系统和设备之间的通信和协同变得更加容易。开发者可以通过 API 调用控制机器人运动、读取传感器数据和执行任务指令，实现定制化的功能和应用。Web 接口通过 HTTP 或 WebSocket 协议，实现机器人与外部系统的远程通信和控制，支持跨平台和跨设备访问。通过 Web 接口，用户可以通过网络实现远程监控和管理机器人系统，实时查看机器人状态、发送控制指令和接收反馈信息，提高了系统的灵活性和管理效率。

（二）实时控制系统

实时控制系统是工业机器人实现高精度和高效率操作的关键。实时控制系统通过快速响应传感器数据和外部指令，实现精确的运动控制和任务执行。尤其是实时操作系统（RTOS）在其中扮演了重要角色，它提供了严格的时间约束和优先级调度，确保各个控制任务都能够在规定的时间内完成。

RTOS 的高性能和低延迟使得工业机器人能够在复杂和动态的环境中稳定运行。在焊接机器人中，RTOS 能够精确控制焊接路径和速度，实时调整焊接参数，保证焊缝的一致性和质量。实时控制系统还能够处理多传感器数据融合，通过快速处理和分析传感器数据，使机器人能够实时感知环境变化，调整运动轨迹和操作策略，提高操作的安全性和可靠性。

通过优先级调度机制，RTOS 能够确保关键任务（如运动控制和安全监控）优先执行，而低优先级任务（如数据记录和状态监控）则在系统空闲时执行。

这种调度机制不仅提高了系统的响应速度和操作精度，还优化了系统资源的利用率，确保机器人在高负荷和复杂任务环境中的稳定运行。

在实际应用中，实时控制系统通过多种控制算法（如PID控制、模糊控制和自适应控制）实现精确的运动控制和任务执行。PID控制通过调节比例、积分和微分系数，实现对系统误差的反馈控制，常用于机器人关节的伺服控制。模糊控制能够处理复杂和非线性系统，适用于动态环境下的机器人运动控制。自适应控制则通过实时调整控制参数，适应系统的变化和不确定性，确保高精度和高可靠性地操作。

通过使用高级编程语言和接口，以及实时控制系统，工业机器人能够实现高效的编程和系统集成，精确地运动控制和任务执行。高级编程语言提供了丰富的控制函数和调试工具，标准化接口简化了系统集成和远程控制，而实时控制系统则确保了高精度和高效率的操作，进一步推动了工业自动化的发展和应用。

三、运营与流程优化

（一）智能调度与任务分配

智能调度系统在工业机器人运营中扮演着至关重要的角色，它能够根据生产任务的需求和机器人状态，动态调整工作计划，优化任务分配。这种系统利用先进的算法和数据分析技术，实现生产资源的最优配置，避免机器人闲置或过载，从而提高整体生产效率。

智能调度系统通过实时监控和数据分析，能够动态评估每台机器人的状态，包括其工作负荷、运行效率和维护需求。根据这些评估结果，系统可以智能地分配任务，确保每台机器人都在最佳状态下运行。例如，在一个复杂的生产线中，某台机器人刚完成一项高强度的焊接任务，需要一定时间的冷却和维护，此时智能调度系统可以将新的任务分配给其他状态良好的机器人，避免因机器人过载导致的故障和停机。

在物流仓储系统中，智能调度系统的作用尤为突出。通过动态调整机器人拣选和搬运任务，智能调度系统可以优化仓储路径和货物分布，提高物流效率。智能调度系统可以根据订单的优先级、货物的存放位置和机器人的当前位置，实时计算最优的拣选路径，减少不必要的移动和时间浪费。这样不仅提高了拣选效率，也降低了能源消耗和运营成本。此外，智能调度系统还可以根据仓库的实时需求和库存情况，动态调整货物分布，确保货物的合理存放和快速取用，进一步提高物流效率。

（二）柔性生产与协作机器人

柔性生产系统和协作机器人（cobots）是现代制造业提升生产线灵活性和效率的重要手段。柔性生产系统通过模块化生产单元和智能调度，能够快速适应产品的变化和定制需求，实现多品种、小批量生产。这种生产模式不仅满足了市场对多样化和个性化产品的需求，还大大缩短了产品的生产周期，提高了生产线的响应速度。

通过采用模块化的生产单元，柔性生产系统可以根据不同产品的生产需求，快速调整生产线布局和操作流程。在汽车制造业中，不同型号和配置的汽车需要不同的生产工艺和装配流程。柔性生产系统可以通过模块化单元的组合和调整，快速切换生产线，实现不同车型的高效生产。同时，智能调度系统的配合，使得生产资源能够根据实际需求动态调整和分配，避免资源浪费和生产"瓶颈"。

协作机器人（Cobots）与传统工业机器人不同，它们设计主要用于与人类工人协同工作，共同完成生产任务。协作机器人具有安全性高、操作简便和灵活性强的特点，能够在没有安全围栏的情况下，与工人共享工作空间。这种协作模式不仅提高了生产效率，还改善了工作环境和操作安全性。

在电子产品装配线上，协作机器人与工人协同工作，能够显著提高生产效率和产品质量。电子产品装配需要高精度和复杂的操作，协作机器人可以承担重复性、高强度的任务，如元器件的拾取和安装，而工人则可以专注于需要灵活判断和精细操作的工作。这种人机协作的模式，不仅提高了装配效率，还减少了操作失误和产品缺陷，提升了整体生产质量。

智能调度与任务分配、柔性生产与协作机器人是现代工业机器人运营与流程优化的重要组成部分。智能调度系统通过优化资源配置和任务分配，提高了生产线的整体效率和灵活性。柔性生产系统和协作机器人通过模块化设计和人机协作，显著提高了生产线的响应速度和操作效率，满足了市场对多样化和高质量产品的需求。这些技术和方法的应用，推动了制造业的智能化和自动化发展，提高了生产效率和产品质量，增强了企业的竞争力。

四、维护与安全优化

(一)自动化维护系统

自动化维护系统在工业机器人运行中发挥着重要的作用,能够减少人工干预,提升维护效率和准确性。传统的维护工作通常依赖人工检查和操作,不仅耗时耗力,而且容易出现疏漏。自动化维护系统通过集成多种传感器和机器人手臂,能够实现维护任务的自动执行,确保机器人设备的长期稳定运行。

自动化维护系统可以进行自动化检测,通过传感器实时监控机器人的运行状态,及时发现潜在问题。温度传感器可以监控电机和传动系统的温度,振动传感器可以检测机械部件的异常振动,力矩传感器可以感知关节的负荷情况。当系统检测到异常时,可以立即发出警报,甚至自动采取措施进行修复。这样不仅提高了维护的及时性,还减少了设备的故障率。

润滑和清洁是维护工作中的重要环节。自动化维护系统可以通过机器人手臂自动进行润滑和清洁操作,确保机械部件始终处于最佳工作状态。机器人手臂可以根据预设的程序定期对关节和传动部件进行润滑,防止因摩擦和磨损导致的故障。此外,自动化清洁系统还可以定期清除机器人的表面和关键部件上的灰尘和杂质,保持设备的清洁和正常运转。这些自动化操作不仅减少了人工维护的时间和成本,还提高了维护工作的精确性和一致性。紧固是另一项重要的维护操作,自动化维护系统可以通过机器人手臂自动检查并紧固螺栓和连接件,防止其因松动和脱落导致的设备故障。通过定期的自动检查和紧固操作,可以确保设备连接的牢固性和稳定性,从而延长机器人的使用寿命。

(二)安全系统与标准化

工业机器人需要符合严格的安全标准,以确保操作人员和设备的安全。通过标准化的安全系统和保护措施,可以防止意外事故的发生,提高生产安全性。这些安全系统和措施包括安全栅栏、紧急停止按钮、力矩传感器和视觉监控系统等。

安全栅栏用于隔离机器人工作区和操作人员,防止人员意外进入危险区域。安全栅栏通常配备安全门和联锁装置,当安全门打开时,机器人会自动停止运行,确保操作人员的安全。紧急停止按钮是另一项重要的安全装置,分布在机器人工作区域的显著位置,操作人员在发现异常情况时可以迅速按下按钮，使机器人立即停止运行，避免事故的发生。

力矩传感器可以实时监控机器人的运动状态和负载情况，当检测到异常力矩（如意外碰撞或过载）时，系统会立即停止机器人运行，防止进一步损坏或伤害。视觉监控系统通过摄像头和图像处理技术，实时监控机器人周围的环境和人员动态。协作机器人通常配备这些传感器和系统，能够在发生碰撞或异常时自动停止运行，提高操作安全性。

自动化维护系统和标准化安全系统在工业机器人运营中十分重要。自动化维护系统通过自动化检测、润滑、清洁和紧固操作，确保机器人设备的长期稳定运行，减少人工维护的时间和成本。标准化安全系统通过安全栅栏、紧急停止按钮、力矩传感器和视觉监控系统等措施，防止意外事故的发生，提高生产安全性。协作机器人通过实时检测周围环境和人员动态，实现与人类的安全协作，进一步提高操作安全性和生产效率。这些维护与安全优化措施，为工业机器人在复杂和高要求的生产环境中提供了可靠保障。

工业机器人运营效率与优化涉及多个方面，包括设计优化、编程与控制系统优化、数据分析与优化、运营与流程优化以及维护与安全优化。通过模块化设计、轻量化材料、高级编程语言、实时控制系统、多传感器数据融合、大数据分析、智能调度、柔性生产、自动化维护和安全系统等技术手段，可以显著提高工业机器人的运营效率，降低成本，确保产品质量，推动工业自动化的发展和创新。

第五章　机器人与人类劳动力的交互

随着机器人技术的不断发展，机器人与人类劳动力的交互成为现代工业的重要课题之一。在这一背景下，协作机器人（Cobots）作为新一代机器人，能够与人类工人安全协作，显著提高生产效率和灵活性。本章将深入探讨协作机器人在工业中的应用及其优势。此外，随着机器人在工业中的广泛应用，人机交互的安全标准也变得尤为重要，确保操作人员的安全是机器人系统设计和实施的首要任务，我们将详细分析当前的人机交互安全标准及其实施方法。另外，机器人技术的进步对劳动力市场产生了深远影响。本章将探讨机器人技术如何改变工作模式、劳动结构以及对劳动力市场的整体变革。本章旨在通过对这些主题的深入探讨，提供对机器人与人类劳动力交互的全面理解，为未来智能制造的发展提供参考。

协作机器人

协作机器人是指能够与人类协同工作、安全互动的机器人，它们的兴起标志着机器人技术进入了一个新的发展阶段。不同于传统的工业机器人，Cobots 设计初衷是与人类共享工作空间、共同完成任务，具备高度的灵活性和安全性。这些特点使 Cobots 在各种应用场景中变得越来越重要。

一、协作机器人的发展背景

（一）工业 4.0 和智能制造

工业 4.0 和智能制造的概念推动了机器人技术的创新与发展，这两个概念的核心是通过高度自动化和智能化的技术手段，实现生产过程的全面升级。在此背景下，传统的工业机器人由于缺乏灵活性和适应性，已经不能满足现代制造业对柔性制造和个性化生产的需求。传统工业机器人通常被编程用来执行单一、重复的任务，它们需要固定的工作环境，并且必须与人类工人分开工作以确保安全性。这种刚性和隔离的工作模式在如今多变且个性化的制造环境中显得越来越不适用。

协作机器人的出现则解决了这一问题。Cobots具有高度的灵活性和适应性，能够在动态环境中灵活应对多变的任务需求。它们配备了先进的传感器和智能控制系统，能够实时感知周围环境和人类工人的存在，从而能在与人类工人共享工作空间的情况下安全高效地工作。与传统工业机器人不同，Cobots能够进行多任务切换和复杂操作，适应不同的生产需求。在汽车制造业中，Cobots可以完成从零部件装配到焊接、喷涂等多项任务，并根据生产线的变化进行快速调整，大大提高了生产效率和灵活性。

Cobots的智能化程度较高，能够通过机器学习和人工智能技术不断优化自身的操作流程，提升工作效率和质量。它们不仅可以执行预编程的任务，还可以通过与人类工人的互动学习新任务。这种学习能力使得Cobots在面对新的生产需求时能够快速适应，减少重新编程和调试的时间成本。在一个生产环境中，Cobots和人类工人可以形成高效的协同工作模式，人类工人负责复杂和需要判断的任务，而Cobots则负责处理重复性和体力劳动密集的工作，从而充分发挥各自的优势。

工业4.0和智能制造强调的是生产过程的高度集成和信息透明，通过物联网、大数据和人工智能等技术，实现全方位的监控和优化。Cobots在这一框架中扮演着重要角色，它们不仅是执行任务的智能终端，还能够通过与工厂其他设备和系统的互联互通，参与整个生产过程的数据采集和分析中。通过实时数据的反馈和分析，Cobots能够进行自我优化和调整，进一步提升生产效率和产品质量。

工业4.0和智能制造的推动，使得协作机器人在现代制造业中成为不可或缺的关键技术。Cobots凭借其灵活性、适应性和智能化的优势，不仅解决了传统工业机器人无法满足的柔性制造和个性化生产需求，还大幅提高了生产效率和质量，实现了人机协同工作的最佳状态。随着技术的不断进步和应用的深入，Cobots将继续引领制造业的智能化变革，推动工业4.0和智能制造的全面落地。

（二）技术进步

传感器技术的进步，使得 Cobots 具备了高度灵敏的环境感知能力。现代 Cobots 通常配备多种传感器，包括力传感器、视觉传感器、激光雷达、红外传感器等。这些传感器能够实时捕捉周围环境的变化，如物体的位置、形状、距离等信息。力传感器帮助 Cobots 在抓取和搬运物体时，精确控制施加的力量，避免对物体造成损坏。视觉传感器和激光雷达则用于识别和跟踪周围的物体和人员，实现实时避障功能。当 Cobots 在工厂车间里移动时，可以通过视觉传感器检测到前方的障碍物，并自动调整路径，以确保安全通过。这些传感器使得 Cobots 在复杂、多变的环境中能够自如运作，提高了工作效率和安全性。

人工智能和机器学习算法的应用，使 Cobots 具备了强大的自适应和学习能力。通过人工智能技术，Cobots 能够对传感器收集到的数据进行深度分析和处理，识别环境中的变化和任务要求。机器学习算法则使得 Cobots 能够从历史数据中学习和优化操作策略。Cobots 可以通过分析过去的工作数据，学习最佳的操作路径和策略，从而在未来的任务中提升效率和精度。此外，人工智能还使得 Cobots 能够进行复杂任务的规划和执行，如多步骤装配、精密焊接等。它们可以根据实时反馈进行动态调整，确保任务的准确性和稳定性。

人机交互技术的进步，为 Cobots 与工人之间的高效协作提供了支持。现代 Cobots 通常配备友好的用户界面和直观的编程工具，使得非专业人员也能够轻松操作和编程。这些界面和工具通常基于图形化编程、语音识别和手势控制等技术，使得工人可以通过简单的拖拽、语音指令或手势动作，指导 Cobots 完成特定任务。此外，Cobots 还可以通过语音和视觉反馈与工人进行互动，提供操作状态、任务进度等信息。这种直观、自然的人机交互方式，极大地降低了使用门槛，提升了 Cobots 的可操作性和实用性。

技术进步不仅提升了 Cobots 的性能，还扩展了它们的应用范围。得益于传感器技术、人工智能和人机交互技术的进步，Cobots 能够在更广泛的环境和任务中发挥作用。在医疗领域，Cobots 可以辅助外科医生进行精密手术，实时调整操作策略，确保手术的安全和成功。在物流领域，Cobots 可以自主分拣和搬运货物，提高仓储和配送效率。这些技术进步，使 Cobots 能够在更多行业中得到应用和推广，推动了协作机器人市场的快速发展。

传感器技术、人工智能和人机交互技术的进步，为协作机器人的发展提供了关键支持。通过这些技术，Cobots 具备了强大的环境感知、自适应学习和人机协作能力，能够在复杂、多变的环境中高效、安全地执行任务。随着这些技术的不断进步，Cobots的性能将进一步提升，应用范围也将进一步扩大，推动各行业向智能化和自动化方向发展。

（三）市场需求

市场对高效、安全、灵活的生产方式需求不断增加，特别是在中小型企业和制造业领域。随着全球化和市场竞争的加剧，企业必须不断提高生产效率、降低成本和提升产品质量，以保持竞争优势。在这种背景下，协作机器人凭借其独特优势，迅速获得了市场认可，成为企业提升竞争力的重要工具。

中小型企业往往面临着资源有限、生产灵活性要求高的问题。传统的工业机器人虽然能够提高生产效率，但其高昂的购买和维护成本、复杂的编程和调试过程，使得中小企业难以负担和应用。相较之下，Cobots具有成本效益高的优势，其初始投资较低，维护成本也较为可控。同时，Cobots的部署和操作相对简单，不需要专业的编程知识，通过直观的用户界面和编程工具，企业就可以快速将其投入使用，从而减少了停机时间和培训成本。某些Cobots还可以通过示教模式进行编程，工人只需手动引导机器人完成一次操作，机器人即可记住并重复这一操作。

在制造业领域，市场对灵活生产方式的需求尤为突出。制造业面临着订单个性化、多样化和小批量生产的挑战，生产系统需要能够快速适应不同的生产任务。Cobots凭借其高度灵活性，能够快速切换任务，适应不同的生产需求。它们可以与人类工人协作，完成多样化的任务，如装配、包装、质检等，而无须频繁调整生产线。在电子产品制造中，Cobots可以与工人协同工作，完成复杂的装配任务，从而提升生产效率和产品质量。此外，Cobots的移动性和灵活性，使其可以在不同的工作站之间快速移动和部署，进一步提高了生产系统的灵活性和响应能力。

安全性是Cobots获得市场认可的另一个重要因素。传统工业机器人通常需要在围栏或隔离区内工作，以确保操作安全，而Cobots则设计为能够在人类工人周围安全工作。Cobots配备了先进的传感器和安全控制系统，能够实时感知周围环境和人类工人的存在，并在检测到潜在碰撞时立即停止或减速，确保操作安全。在汽车制造业中，Cobots可以在没有安全围栏的情况下，与工人并肩工作，完成汽车零部件的装配任务，这不仅提高了工作效率，还减少了生产空间的占用。

市场需求的增加推动了Cobots技术的不断创新和应用场景的不断扩展。Cobots在电子制造、汽车制造、食品加工、医疗器械等多个行业中得到了广泛应用。在电子制造业中，Cobots能够精准地处理微小零件，提高装配质量和生产效率；在食品加工行业，Cobots能够完成包装、分拣等任务，提高生产卫生标准和效率；在医疗器械行业，Cobots则能够辅助医生进行手术，提高医疗操作的精度和安全性。随着Cobots技术的不断进步，其应用场景将进一步扩展，为更多行业提供高效、安全、灵活的生产解决方案。

二、协作机器人的核心特点

（一）安全性

协作机器人的设计以安全性为核心，充分考虑了在动态工作环境中与人类工人密切合作的需求。Cobots配备了多种先进的传感器，包括力传感器、视觉传感器和触觉传感器，这些传感器使其具备了高度敏感的环境感知能力，能够实时检测周围环境和人类工人的存在。

Cobots的设计还符合国际安全标准和认证，如ISO 10218和ISO/TS 15066等。这些标准规定了Cobots在设计、制造和使用过程中的安全要求，确保其在各种应用场景中都具备安全性和可靠性。其中ISO/TS 15066标准详细规定了人机协作过程中力和压力的安全限值，指导Cobots制造商和用户在实际应用中保障工人的安全。

（二）灵活性

协作机器人具备高度的灵活性，能够根据不同任务需求快速进行调整和重新编程。这种灵活性源于其多自由度的机械臂设计和先进的控制系统，使其能够完成各种复杂的操作，如装配、焊接、搬运和检测等。Cobots的这种灵活性，使得它们能够适应多变的生产环境和任务，满足现代制造业对柔性生产和高效运作的需求。

Cobots的灵活性使得它们在多变的生产环境中具有显著优势，能够满足现代制造业对柔性生产的需求。随着市场需求的不断变化，生产线需要频繁调整以应对不同的生产任务。Cobots能够快速适应这种变化，通过重新编程和任务切换，实现多样化的生产操作。这不仅提高了生产线的利用率和响应速度，还减少了生产线调整和设备更换的成本。在服装制造业中，Cobots可以在不同季节生产不同款式的服装，通过快速切换任务，满足市场的多样化需求。

（三）易于编程和操作

协作机器人通常配备直观的编程接口，使其编程和操作变得非常简单，甚至可以通过手动引导的方式进行编程。这种设计大大降低了使用门槛和技术要求，使非专业人员经过简单培训即可操作和编程 Cobots。这种易用性使 Cobots 在中小企业中得到了广泛应用，为企业提高生产效率和降低运营成本提供了有效的解决方案。

传统工业机器人的编程通常需要专业的编程知识和技能，而 Cobots 则采用了更加用户友好的编程方式。许多 Cobots 配备了图形化编程界面，用户可以通过拖放图标和模块来创建操作流程，而不需要编写复杂的代码。这种可视化编程方式使得操作人员能够直观地理解和设置机器人的工作流程，同时降低了编程的复杂性。用户可以在屏幕上拖动不同的操作模块，如移动、抓取、放置等，并通过简单的参数设置完成任务编程。

Cobots 支持手动引导编程，即示教编程。通过手动引导，用户可以直接控制 Cobots 的机械臂，并带领其完成一系列动作，Cobots 会记录这些动作并生成相应的程序。这种编程方式特别适用于没有编程背景的操作人员，这使得他们能够轻松上手。示教编程不仅简单直观，还能快速适应不同任务需求。在装配线上的应用中，操作人员可以手动引导 Cobots 完成一个装配任务，Cobots 记录并重复执行这些动作，从而实现自动化操作。

此外，界面通常设计简洁友好，配备了触摸屏和操作提示，进一步降低了使用门槛。触摸屏界面使得操作人员可以通过简单的点击和滑动进行操作和设置，而操作提示则为用户提供了实时的指导和反馈，确保编程和操作的准确性。Cobots 的操作界面会提示用户如何设置机械臂的初始位置、如何调整抓取力等细节，使得用户能够快速掌握操作要领。

中小企业通常缺乏专业的技术团队和高额的培训预算，而 Cobots 的简单编程和操作方式，使得这些企业能够在不增加大量人力和培训成本的情况下，实现生产自动化。Cobots 的易用性不仅提高了生产效率，还减少了对高技能劳动力的依赖，降低了运营成本。一家中小型制造企业可以通过简单培训，让现有员工学会操作和编程 Cobots，从而实现生产线的自动化改造，提升生产效率和产品质量。

Cobots 在中小企业中的应用不仅限于生产制造，还包括物流、仓储、检测等多个领域。其易用性使得这些企业能够灵活应对市场需求的变化，快速调整生产和运营策略。在物流中心，Cobots 可以通过简单编程，快速实现不同类型货物的分拣和搬运任务，提高物流效率；在质量检测环节，Cobots 可以根据不同产品的检测标准，快速调整检测流程，确保产品质量。

（四）成本效益

协作机器人在成本效益方面具有显著优势，这使得它们在中小企业和需要频繁调整生产线的企业中广受欢迎。

首先，与传统工业机器人相比，Cobots 的安装成本较低。传统工业机器人的安装通常需要专业的技术团队、复杂的编程以及大规模的生产线改造，这不仅耗费大量时间，还增加了初始投资。而 Cobots 由于其设计的简便性和易用性，可以快速部署在现有生产线中，减少了对专业技术人员的依赖，显著降低了安装成本。

其次，Cobots 的维护成本较低。传统工业机器人在使用过程中需要定期地专业维护和检修，而 Cobots 由于其模块化设计和先进的自诊断功能，可以进行简单、快速地维护。许多 Cobots 配备了自动故障检测和预警系统，能够实时监控自身状态，提示用户进行必要的维护。这不仅延长了设备的使用寿命，还减少了因设备故障导致的生产停工时间和相关损失。某些 Cobots 还能够通过软件更新和远程诊断来解决问题，而不需要现场技术人员的干预，从而节约了维护成本和时间。

三、协作机器人在各行业的应用

（一）制造业

在制造业中，协作机器人被广泛应用于装配、焊接、搬运和质检等多个环节，显著提高了生产效率和产品质量。在装配环节，Cobots 能够执行高精度的零部件安装任务，特别是在汽车制造业中，Cobots 用于执行复杂的装配操作，如发动机部件的安装和电气系统的组装，通过其多自由度机械臂和先进的视觉识别系统，能够确保每一个零部件的安装位置和角度都完全符合设计规范，从而提高了装配精度，减少了次品率。在焊接环节，Cobots 能保持高度的稳定性和一致性，通过编程设置精确控制焊接参数，如温度、速度和焊接路径，确保焊接质量的均匀性，显著提高了生产效率和产品的整体可靠性。在搬运环节，Cobots 通过其灵活的机械臂和智能感知系统，可以轻松处理各种搬运任务，自动识别并抓取不同形状和重量的零部件，进行快速、准确地搬运和摆放，减少了人工搬运的时间和劳动强度，提高了整个生产线的运行效率。在质检环节，Cobots 通过集成高精度的视觉检测系统和传感器，能够对生产过程中的零部件和成品进行实时检测，确保产品符合质量标准；通过自动化的质检过程，提高了检测精度和速度，减少了人为误差，保障了产品质量的稳定性。Cobots 在制造业的应用中还具备高度的灵活性和适应性，能够根据生产需求快速调整工作任务和流程，使制造企业能够灵活应对市场需求变化，进行小批量、多品种的生产，从而推动了智能制造的发展。

（二）物流与仓储

在物流和仓储行业中，协作机器人的应用迅速增加，显著优化了仓储管理和配送效率。Cobots 能够与人类工人协同工作，完成货物的拣选、搬运和分拣等任务，提高了整个物流过程的效率和准确性。在仓储中心，Cobots 通过集成视觉识别系统、传感器和智能算法，自动识别和抓取货物，进行精准地拣选操作。Cobots 可以根据仓库管理系统（WMS）的指令，前往指定货架位置，利用机械臂抓取目标货物，并将其放入拣货篮中。这种自动化操作不仅提高了拣选效率，还减少了人工操作中的错误和劳动强度。Cobots 在搬运环节能够进行自动导航和路径规划，将货物从一个位置搬运到另一个位置，通过多自由度机械臂和智能避障系统，灵活应对仓库内复杂的环境和动态变化，避免与其他设备和工人发生碰撞，确保搬运过程的安全性和高效性。在分拣任务中，Cobots 通过集成高精度传感器和分拣算法，对货物进行快速分类和分拣，例如在电商企业的仓储中心，Cobots 可以根据订单需求，自动将货物分类到不同的配送区域。亚马逊等电商巨头在其仓储中心广泛部署 Cobots，通过自动化分拣系统，提高了订单处理速度和准确性，缩短了订单履行时间，提升了客户满意度。Cobots 与工人协同工作的能力，使其在物流和仓储行业中具有独特优势，Cobots 可以承担重复性和高强度的任务，而工人则专注于复杂的决策和管理工作，通过这种人机协作模式，仓储中心能够充分发挥机器人和工人的各自优势，提高整体工作效率。Cobots 的部署还显著降低了仓储和物流运营成本，减少了对人力的依赖，降低了人工成本，Cobots 的高效操作和精准分拣，减少了货物损坏和订单错误的发生，降低了退货和售后服务成本。这些优势使得 Cobots 在物流和仓储行业中的应用前景广阔，越来越多的企业开始采用 Cobots 来优化其仓储和配送流程，提高整体运营效率和竞争力。

（三）医疗与护理

在医疗领域，协作机器人被广泛应用于辅助外科手术、药品分配和康复训练等任务，显著提高了医疗服务的质量和效率。在外科手术中，Cobots 通过其高精度和稳定性，协助外科医生完成复杂且精细的手术操作，减少手术创伤，缩短患者恢复时间，提高手术的安全性和成功率。Cobots 能够实时响应医生的指令，通过高精度的传感器和控制系统，确保操作的精准性，降低人为操作的风险。在药品分配领域，Cobots 通过视觉识别系统和智能算法，快速识别和分拣不同类型和规格的药品，提高了药品分配的效率和准确性，减少了人为分配错误。在大规模医疗机构中，Cobots 能够处理大量药品分配任务，减轻医护人员工作负担。在康复训练领域，Cobots 通过与患者互动，帮助其完成个性化的康复训练计划，并实时调整训练强度和方式，帮助患者恢复肌肉力量和协调能力，提高康复训练效率，减轻康复训练师负担。Cobots 的应用还通过数据记录和分析，为医疗机构提供宝贵的患者康复数据和手术操作数据，进一步优化医疗流程，提高治疗和康复效率。总之，Cobots 在医疗和护理领域的应用中，通过提高手术安全性、优化药品分配流程和辅助患者康复训练，提高了医疗服务质量和效率，为医疗机构带来了显著的经济和社会效益。

人机交互与安全标准

在工业机器人技术迅猛发展的今天，人机交互和安全标准已经成为至关重要的研究领域。在工业环境中，机器人与人类工人的密切协作为我们带来了诸多益处，但也引发了安全和效率方面的新挑战。为了确保这一协作过程的安全与高效，必须制定并遵守严格的安全标准。本章将探讨人机交互的关键技术及其在工业应用中的具体实施方式，同时深入分析现行的安全标准和规范。这些标准不仅涵盖物理安全防护措施，如安全栅栏和紧急停止按钮，还包括先进的传感技术和智能算法，以实时监测和响应人机交互过程中的动态变化。通过系统化的人机交互设计和全面的安全标准，本章旨在为读者提供在保障人类工人安全的前提下，如何优化机器人系统效率的全面视角。

一、人机交互

（一）语音识别与控制

语音识别技术正日益成为机器人交互技术中的关键要素，尤其是在家庭服务机器人和医疗护理机器人等领域，语音识别与控制技术通过提供一种自然且高效的交互方式，极大地提升了用户体验和操作效率。

1. 复杂语音指令处理

先进的语音识别系统能够处理复杂的语音指令，不仅能够理解简单的命令，还能识别和执行复杂的多步骤指令。在家庭服务机器人中，用户可以通过语音指令要求机器人进行一系列任务，如"先打扫客厅，然后去厨房准备晚餐"。这样的指令需要语音识别系统能够准确理解语句的语义，并将其分解为具体的操作步骤，这对语音识别技术的精准度和自然语言处理能力提出了很高的要求。

2. 理解自然语言

自然语言处理（NLP）技术使语音识别系统能够理解和处理人类自然语言的复杂性，包括语法、语义和上下文。NLP技术的发展使得机器人能够理解更多样化的表达方式和更加复杂的指令。在家庭服务中，用户可以用不同的表达方式下达相同的命令，如"请清扫客厅"和"你能帮我打扫一下客厅吗？"无论是哪种方法，机器人都能正确理解并执行。这种对自然语言的理解能力大大提高了用户与机器人交互的自然性和便捷性。

3. 识别语调和口音

语音识别系统的另一大挑战是处理不同的语调和口音。全球用户的语音特征各异，系统需要能够准确识别和理解不同用户的语音输入。现代语音识别技术通过机器学习和大数据训练，能够有效处理多种口音和语调。医疗护理机器人就需要理解不同患者的语音指令，确保在复杂的医疗环境中仍能准确执行任务。这种能力不仅提高了语音识别系统的通用性和适应性，也显著增强了用户的体验和满意度。

4. 家庭服务机器人中的应用

在家庭服务机器人领域，语音识别技术使用户能够通过语音命令轻松控制机器人，完成日常家务和辅助任务。用户可以通过语音命令让机器人进行保洁、播放音乐、提醒日程安排等操作。这样的交互方式不仅解放了用户的双手，还使得机器人操作变得更加直观和高效。特别是对于老年人和行动不便的人群，通过语音控制机器人可以显著提高他们的生活质量和独立性。

5. 医疗护理机器人中的应用

在医疗护理领域，语音识别技术尤为重要。护士和医生可以通过语音命令让机器人递送药品或器械，完成任务而不需要中断当前的工作。在手术室内，医生可以通过语音命令让机器人递送手术工具，减少手术过程中不必要的操作和时间浪费，提高手术效率和安全性。同时，在病房中，护士可以通过语音指令让机器人分发药物或执行简单的护理任务，减轻护士的工作负担，提高护理效率。

6. 提高工作效率

语音识别技术的引入提高了各个领域的工作效率。在家庭中，用户可以同时完成多项任务，而不需要手动操作机器人。在医疗环境中，护士和医生可以专注于患者护理和手术操作，通过语音指令让机器人完成其他辅助任务。这样不仅提高了工作的连贯性和效率，还减少了操作过程中的中断和错误。

语音识别与控制技术通过提供自然、直观和高效的交互方式，极大地提升了机器人在家庭服务和医疗护理等领域的应用价值。未来，随着技术的不断发展，语音识别系统将会更加智能化和人性化，并进一步推动机器人技术的广泛应用和普及。

（二）手势识别

手势识别技术是通过摄像头和传感器捕捉用户的手部动作和姿势，将其转换为机器人可以理解的指令。这种技术允许用户在不触碰机器人的情况下进行操作，适用于需要远程控制或高卫生标准的环境，如手术室或食品加工厂。手势识别技术使得人机交互更加直观和自然，用户可以通过简单的手势指令机器人移动、抓取或执行其他任务。

1. 技术实现原理

手势识别技术依赖摄像头和各种传感器来捕捉和分析用户的手部动作。关键技术包括计算机视觉、深度传感和机器学习。计算机视觉技术通过摄像头捕捉手部的图像或视频流，利用图像处理算法对手部的形状、位置和运动进行识别。深度传感器能够获取手部与周围环境之间的距离信息，增强手势识别的准确性。机器学习算法则通过大量的手势数据训练模型，使系统能够识别和理解多种复杂手势。

2. 应用场景与优势

（1）医疗领域

手术室是一个典型的高卫生标准环境，手势识别技术在此处具有显著的优势。外科医生可以通过手势控制手术机器人或辅助设备，避免直接接触设备，降低感染风险。此外，手势识别技术还可用于术中图像浏览和数据调用，医生无须离开无菌区域即可获取所需信息，提高手术效率和安全性。

（2）食品加工

在食品加工厂，卫生要求同样非常严格。工作人员可以通过手势指挥机器人进行食品的处理和包装，避免手部直接接触，确保了食品安全。手势识别技术不仅提高了操作的便利性，还符合食品安全的高标准要求。

（3）工业制造

在工业制造过程中，工人可以通过手势远程控制机器人，完成装配、搬运等任务。手势识别技术使得操作更加灵活，不需要工人靠近危险区域进行操作，提高了生产安全性。同时，手势识别也减少了对物理控制设备的依赖，简化了工作流程。

（4）智能家居

在智能家居环境中，手势识别技术可以用于控制家电设备，如电视、音响、灯光等。用户可以通过手势指令调整设备的开关和设置，使家居生活更加便捷和智能。手势识别还可以应用于家庭安防系统，通过识别家庭成员的手势进行身份验证和安全控制。

手势识别技术通过提供一种自然、直观和高效的交互方式，极大地提升了机器人在医疗、食品加工、工业制造和智能家居等领域的应用价值。未来，随着技术的不断进步和创新，手势识别技术将进一步推动人机交互的发展，为各行各业带来更多便利和效益。

（三）虚拟现实和增强现实

1. 提供新的交互维度

虚拟现实（VR）和增强现实（AR）技术为人机交互提供了全新的维度，极大地扩展了交互的方式和范围。在传统的触摸屏和语音交互之外，VR和

AR 技术通过沉浸式和增强式的体验，将虚拟世界和现实世界有机结合，为用户提供更加直观、互动和高效的操作环境。

2. VR 技术在机器人交互中的应用

VR 技术通过头戴式显示器（HMD）将用户带入一个完全虚拟的环境中，使用户能够在三维虚拟空间中与机器人进行交互。这种沉浸式体验有助于提升操作的直观性和精确性，尤其是在以下几个领域应用广泛。

（1）机器人操作培训

随着科技的快速发展，机器人操作在各个领域的应用越来越广泛。为了确保操作人员能够熟练掌握机器人操作技能，机器人操作培训显得尤为重要。近年来，虚拟现实技术逐渐成为一种有效的培训手段，通过模拟真实的工作场景，为用户提供了一种安全、经济且高效的学习环境。

VR 技术能够创建高度仿真的虚拟环境，使用户如同置身于真实的工作场景中。通过 VR 技术，培训者可以在虚拟工厂、仓库或其他操作环境中进行机器人操作练习。这样的模拟不仅能够全面展现机器人操作的各个环节，还可以根据需要进行场景的切换和调整，以适应不同类型机器人的培训需求。

在真实环境中，初学者操作机器人时，可能会由于不熟悉设备而导致误操作，甚至引发安全事故。VR 培训则完全消除了这种风险，学员可以在虚拟环境中反复进行操作练习，而无须担心任何实际损失或人员伤害。这不仅保护了学员的安全，也避免了设备的损坏和资源的浪费。

通过 VR 技术，学员可以多次重复复杂操作，直到完全掌握为止。VR 培训系统可以实时提供反馈，帮助学员发现并纠正操作中的错误。此外，VR 技术还可以模拟各种突发情况和操作难题，使学员在面对真实工作挑战时更加从容应对。这种沉浸式、互动性强的培训方式大大提高了学员的学习效率和操作技能。

传统的机器人操作培训通常需要占用实际生产线或专用培训设备，成本高昂且耗时较长。而 VR 培训只需初始的系统搭建成本，一旦系统建立，多个学员可以同时进行培训，大大提高了培训效率。同时，VR 培训可以随时随地进行，不受时间和空间的限制，进一步节省了培训时间和成本。VR 培训系统能够记录学员的每一次操作数据，生成详细的培训报告。通过对这些数据的分析，培训者可以了解学员的学习进度和薄弱环节，有针对性地调整培训内容和方法，提供个性化的指导。这种数据驱动的培训方式，有助于学员更快地掌握机器人操作技能。

随着机器人技术的不断进步，培训内容也需要不断更新。VR 培训系统可以根据最新的技术进展，快速更新培训模块和场景，确保学员始终学习到最新、最实用的技能。此外，VR 培训还可以拓宽至其他相关领域，如维护保养、故障排除等，使培训内容更加全面。

VR 技术在机器人操作培训中的应用，体现了科技对教育培训领域的深刻影响。通过模拟真实工作场景、提供安全的学习环境能够增强培训效果，这为机器人操作培训带来了显著的优势。随着 VR 技术的不断发展和普及，未来的机器人操作培训将更加高效、经济和安全，为各行各业培养出更多高素质的专业人才。

（2）远程操作与监控

VR 技术在远程操作与监控中的应用具有显著的优势，特别是在那些危险区域或人类无法到达的环境中，如核电站、深海勘探和外太空作业。通过虚拟现实，操作员能够在一个安全的环境中实现对远程机器人的精确操控和实时监控，这不仅提高了任务的安全性，还显著提升了任务的成功率。

在核电站等高危环境中，传统的人工操作存在巨大的安全风险。操作员暴露在高辐射环境中，不仅健康受到威胁，操作的精确性也受到限制。通过 VR 技术，操作员无须亲临现场，只需佩戴 VR 头盔即可进入远程遥控。他们能够通过虚拟环境实时查看机器人传回的三维环境数据，并进行精确的远程操控。VR 技术还可以模拟核电站内部的复杂环境，使操作员能够提前熟悉操作流程，降低实际操作中的失误概率。

在深海勘探中，水下环境的复杂性和高压条件使得人工操作变得极为困难和危险。传统的遥控机器人虽然可以替代部分人类工作，但操作员只能通过二维显示屏进行控制，缺乏环境的深度感知，影响操作的精确性和效率。而通过 VR 技术，操作员可以获得更直观的三维环境视图，仿佛置身于深海现场。VR 头盔提供的沉浸式体验，使操作员能够更自然地进行操控，大幅提高了任务的精确度和效率。

太空环境的极端条件对宇航员的生存和工作带来了巨大的挑战。通过 VR 技术，地面操作员可以在虚拟环境中模拟太空场景，进行各种任务的预演和实时操作。操作员可以通过 VR 头盔实时查看来自太空机器人的传感器数据和摄像头画面，进行精确的远程操控。这种远程操作不仅减少了宇航员的人身风险，还可以在紧急情况下提供快速响应，提高任务的成功率。

VR 技术的应用不仅限于提供三维环境数据和远程操控。它还可以整合多种传感器信息,为操作员提供更加全面和精确的环境感知。在深海勘探中,VR 系统可以结合声呐、激光雷达等传感器的数据,构建出一个高精度的虚拟海底环境。操作员可以在这个虚拟环境中,进行更加精准的操作,确保任务的顺利完成。

VR 技术在远程操作与监控中的应用,为各种极端和危险环境中的任务执行提供了一个安全、可靠和高效的平台。通过虚拟现实技术,操作员能够在一个安全的虚拟环境中,实时查看和操控远程机器人,提高了操作的精确性和任务的成功率。这种技术的广泛应用,不仅保障了操作员的人身安全,还推动了各类高风险任务的顺利进行,展现了科技在工业和科学探测领域的巨大潜力。

3. AR 技术在机器人交互中的应用

AR 技术通过将虚拟信息叠加在现实世界中,为用户提供实时的操作指引和状态反馈。AR 技术在机器人维修、操作培训和生产线管理中表现出色,其具体应用如下:

(1)机器人维修

AR 技术在机器人维修中的应用为维修人员提供了极大的便利,大幅提升了维修效率和准确性。通过佩戴 AR 眼镜或使用移动设备,维修人员能够实时查看机器人的内部结构和故障诊断信息,获得全方位的指导和支持。

AR 技术可以将机器人的内部结构以虚拟形式叠加在维修人员的视野中,使其能够通过透视看到机器人的内部构造。传统的维修方式需要通过查阅复杂的技术手册来了解机器人的结构,而 AR 技术则将这一过程变得直观和简便。维修人员可以通过 AR 眼镜直接看到需要检修的部件位置,从而减少了拆卸和重新组装的时间。

当机器人出现故障时,AR 技术可以通过传感器和数据分析,快速定位故障点,并将相关信息显示在维修人员的视野中。维修人员无须进行烦琐的手动检查,就能迅速了解故障原因。这种实时的故障诊断功能,极大地提高了问题排查和解决的效率。

此外,AR 技术还可以在维修人员的视野中叠加虚拟的操作步骤和指导。维修过程中,维修人员往往需要遵循复杂的步骤,特别是对不常见的故障或高复杂度的设备而言更是如此。通过 AR 技术,维修人员可以在进行操作的同时,看到具体的操作步骤和工具使用方法。这种直观的指导方式,不仅减少了对维修手册的依赖,还大幅降低了操作错误的概率。尤其是对于新手维修人员，AR 技术提供的实时指导，使其能够迅速掌握维修技能，缩短了学习时间。

当维修人员遇到无法解决的复杂问题时，可以通过 AR 系统与远程专家进行视频连线。远程专家可以看到维修现场的实时画面，并通过 AR 技术在维修人员的视野中标注出需要注意的部件或操作步骤。这种远程协作方式，极大地提升了维修团队的整体能力，使得即使在偏远或条件有限的环境下，也能够随时获得专家的指导和支持。

AR 技术在机器人维修中的应用，不仅提高了维修效率，还显著减少了维修时间和错误。通过实时查看机器人的内部结构和故障诊断信息，维修人员能够快速、准确地进行故障排除和修复。而虚拟的操作步骤和指导，确保了每一步操作的正确性，减少了由于操作失误导致的返工和损坏。

（2）操作培训

AR 技术在操作培训中的应用为学员提供了动态且直观的操作指导，显著提高了学习效率。通过使用 AR 设备，学员能够在现实环境中看到虚拟的操作指示和安全提示，使学习过程更加生动和具象化。

在传统的培训方式中，学员需要通过讲解、阅读手册或观看视频来学习操作步骤，这种方式往往较为抽象，容易造成理解上的困难。而通过 AR 技术，学员可以在实际操作时直接看到每一步的指示和操作步骤，这种直观的指导方式使学员能够更好地理解和掌握复杂的操作过程。例如，在工业设备的操作培训中，AR 设备可以在学员面前叠加虚拟的按钮、旋钮和操作流程，使其能够在真实环境中进行互动式学习。

在操作培训中，安全性也是一个关键的因素。AR 技术能够在学员进行操作时实时监测其动作，并提供相应的安全提示。当学员接近危险区域或操作不当时，AR 设备可以立即发出警示信息，提醒学员注意安全。这种实时的安全提示，有助于学员在实际操作中形成良好的安全习惯，降低事故发生的风险。

通过传感器和数据分析，AR 系统可以监测学员的每一个操作动作，并与标准操作流程进行对比。当发现学员操作不当或出现错误时，系统会立即提供反馈和纠正建议。这种实时的反馈机制，能够有效帮助学员快速识别和改正错误，提高操作的准确性和熟练度。相较于传统的培训方式，学员不再需要等待培训结束后再进行错误总结和改正，而是在每一步操作中及时获得指导和改进建议。

传统的培训方式往往较为单调，学员容易产生疲劳和厌倦感。而 AR 技术通过将虚拟信息与现实环境相结合，使学习互动过程变得更加有趣。例如，在机械维修培训中，学员可以通过 AR 设备看到设备内部的虚拟模型，并进行拆装练习。这种动手操作的方式，增强了学员的参与感和兴趣，有助于其更好地理解和记忆所学内容。

（3）生产线管理

在生产线管理中，AR 技术通过实时显示生产线的状态信息、设备运行情况和产量数据，能够帮助管理人员进行有效的监控和调度。管理人员佩戴 AR 眼镜，可以看到叠加在设备上的虚拟信息，如温度、压力和运行速度等参数，及时发现并处理生产中的问题。AR 技术提高了生产线的透明度和可控性，提高了生产效率和安全性。

（四）力反馈与触觉技术

1. 提供物理反馈的意义

力反馈与触觉技术通过提供物理反馈，使用户能够"感觉"到机器人正在执行的任务。这种技术的重要性在于它能够模拟真实的物理触感，使用户在远程操控或虚拟环境中能够感知操作的阻力、质感和力度，从而进行更精确的控制。力反馈系统和触觉技术在提升机器人操作的精细度和用户体验方面具有显著作用。

2. 力反馈系统

力反馈系统是通过一系列传感器和致动器来模拟触觉和力量感知的系统。这些系统能够实时测量用户施加的力和运动，并将反馈信息传递给用户，使其感知到操作中的物理阻力和反作用力。力反馈技术的应用广泛，特别是在以下几个领域：

（1）手术机器人

力反馈系统在手术机器人中发挥着至关重要的作用。通过力反馈，外科医生能够感知手术过程中遇到的组织阻力和细微的质感变化，从而进行更加精准的操作。这种触觉反馈对于微创手术尤为重要，因为它能帮助医生在不直接触摸患者组织的情况下进行复杂的手术操作，减少手术创伤和风险。如达·芬奇手术机器人利用力反馈技术，使外科医生能够通过远程控制机械臂进行手术，感知到切割和缝合过程中遇到的阻力和质感，提高手术的精确度和安全性。

（2）装配机器人

在精密装配任务中，力反馈系统的应用显著提升了操作员的感知能力和装配精度，确保了组件的精确定位和安装。力反馈系统通过传感器检测装配过程中遇到的阻力和对齐误差，并将这些信息以触觉形式反馈给操作员，使其能够实时感知并调整操作，提高装配效率和质量。

力反馈系统在精密装配中的重要性体现在对阻力的感知上。在装配过程中，不同组件之间的接触会产生不同程度的阻力。通过力反馈系统，操作员能够感觉到这种阻力变化，并根据反馈信息调整施加的力度，确保组件能够顺利结合。在汽车零部件的精密装配中，操作员通过反馈系统可以感知到组件插入过程中的细微阻力变化，避免因过度用力导致组件损坏或装配失败。

精密装配任务要求组件之间的对齐必须非常准确，任何微小的偏差都会影响产品的性能和质量。力反馈系统能够实时检测组件的对齐情况，并将误差信息反馈给操作员。操作员可以根据反馈信息及时进行调整，确保组件在正确的位置上安装。在航空器件的装配过程中，力反馈系统可以帮助操作员精确对齐每个螺钉和孔位，确保装配的稳定性和可靠性。

在电子产品装配中，力反馈技术尤为重要。电子产品内部通常包含大量微小且脆弱的元件，装配过程中需要极高的精度和小心翼翼地操作。力反馈系统能够帮助操作员精确地插入这些微小元件，避免因操作失误导致元件损坏或错位。在智能手机的装配过程中，力反馈系统可以帮助操作员感觉到元件插入的力度和位置，确保每个元件都能准确无误地安装到位。这不仅提高了装配的效率，还保证了产品的质量。

力反馈技术能有效减少操作员的疲劳和错误率。在长时间的精密装配任务中，操作员容易产生疲劳，进而影响操作的稳定性和准确性。力反馈系统提供的触觉反馈，使操作员能够更加自然和轻松地进行操作，减少了因视觉和认知负担导致的错误。例如，在高精度的医疗设备装配过程中，力反馈系统可以帮助操作员更轻松地完成细致的装配任务，提高生产效率和产品质量。

（3）远程操控

在远程操控应用中，力反馈系统能够将远程环境中的物理反馈传递给操作员，使其能够感知和应对复杂的操作环境。比如，在深海探测、空间站维护等高风险环境中，操作人员可以通过力反馈系统感知远程机械臂的操作力度和碰撞情况，从而进行精确控制和调整，确保任务的顺利完成。

3. 触觉技术

触觉技术通过模拟真实的触感和质感，为用户提供更加自然和直观的交互体验。这种技术在虚拟键盘、按钮和其他人机交互界面中具有重要作用。触觉技术的核心在于通过细腻的振动和力反馈，使用户能够感知到虚拟物体的存在和操作过程中的触感变化。

（1）虚拟键盘和按钮

在触屏设备和虚拟现实应用中，触觉技术能够模拟物理键盘和按钮的触感，使用户在操作时获得更加真实的反馈。在智能手机和平板电脑上，虚拟键盘通过触觉反馈技术提供打字时的振动和按键反馈，从而提升用户的打字体验和准确性。

（2）虚拟现实和增强现实

触觉技术在虚拟现实和增强现实中具有广泛应用。通过在 VR 头盔或 AR 眼镜中集成触觉反馈，用户可以在虚拟环境中感知到虚拟物体的质感和形状，从而进行更加自然和沉浸式的交互体验。在虚拟现实游戏中，触觉技术能够模拟武器的后坐力、物体的碰撞和抓取的触感，增强游戏的真实感和沉浸感。

机器人的人机界面与交互技术是确保机器人能够高效、安全地与人类合作的关键。这些技术不仅提升了用户体验，还大大扩展了机器人的应用范围。随着技术的不断进步，人机交互将变得更加自然、直观和智能，进一步推动机器人技术在各个领域的应用和发展。

二、安全标准

协作机器人的安全标准是保障机器人和人类工人安全高效协作的关键。这些标准确保协作机器人在各种工业环境中运行时，既能有效完成任务，又能避免对人类工人造成伤害。

（一）国际安全标准

ISO 10218 和 ISO/TS 15066 是国际上最为重要的协作机器人安全标准，这两项标准共同构建了协作机器人安全性的基石，确保在工业应用中，协作机器人能够与工人安全高效地协同工作。

这两项标准不仅为机器人制造商和集成商提供了详细的指导，还为用户提供了明确的安全规范，确保协作机器人在各种应用场景中的安全性和可靠性。在汽车制造、电子装配和物流仓储等行业中，协作机器人能够与人类工人共同完成高效的生产任务，而不必担心安全问题。通过严格遵守 ISO 10218 和 ISO/TS 15066 的规定，企业能够构建更加安全、高效的生产环境，提高生产效率的同时保障工人的安全和健康。

ISO 10218 和 ISO/TS 15066 两项标准的协同作用，为协作机器人与人类工人的安全协作提供了坚实的保障。ISO 10218 从设计、制造到使用的全生命周期安全要求，确保了工业机器人系统的基础安全性；ISO/TS 15066 通过对协作机器人具体工作环境和人机交互的详细规范，进一步提升了协作机器人与人类工人共同工作的安全性和可靠性。通过严格执行这些标准，企业可以有效预防安全事故的发生，创造一个更安全、更高效的工作环境，推动智能制造和工业自动化的持续发展。

（二）安全设计原则

协作机器人的安全设计原则是保障其安全运行和人机协作环境的重要基础，这些原则包括固有安全设计、风险评估和控制系统的冗余设计等。

固有安全设计是协作机器人安全性的第一道防线。在设计阶段，机器人制造商必须考虑到各种潜在的安全风险，并采取措施将这些风险最小化。固有安全设计通过采用轻质材料、柔性关节和无尖锐边缘的设计，显著减少了机器人与人类工人发生碰撞时的伤害风险。由于协作机器人的机械手臂通常使用铝合金、碳纤维等轻质材料，这些材料不仅强度高且重量轻，可以减少碰撞时的动能，降低对人类的冲击力。此外，柔性关节的设计使机器人能够在受到外力时发生轻微变形或回避，从而进一步降低碰撞的冲击力和伤害风险。无尖锐边缘的圆滑设计则避免了锋利部位对人类工人造成的划伤或刺伤。这些设计细节确保协作机器人在日常操作中，始终处于一个对人类友好的状态，极大提高了人机协作的安全性。

风险评估是在协作机器人实际部署前必须进行的一项关键步骤。详细的风险评估有助于识别和分析机器人工作环境中的潜在危险，并制定相应的缓解措施。风险评估首先是分析机器人工作空间，确定人类工人的活动范围和的碰撞场景。通过模拟不同的工作任务和操作情景，评估机器人和工人之间的互动方式，识别导致伤害的风险点。其次是评估紧急情况下的反应措施，包括机器人的紧急停止功能、人员疏散路径和应急处理方案。风险评估不仅需要对现有的风险进行分析，还需要考虑潜在的风险，确保所有的安全隐患都能被识别和处理。通过系统化的风险评估，协作机器人在正式投入使用前能够最大限度地降低安全风险，保障人机协作的顺利进行。

冗余设计是提高协作机器人系统可靠性和安全性的重要手段。冗余设计通过引入多重备份系统，能确保在一个系统失效时，其他系统能够继续工作，保障机器人的安全运行。协作机器人通常采用双重传感器配置，包括力矩传感器和位置传感器的双重配置。力矩传感器用于实时监测机器人的运动状态和受力情况，在检测到异常力矩（如碰撞或过载）时，系统能够立即做出响应，停止机器人运动，防止对人类工人造成伤害。位置传感器则用于监测机器人各关节的位置和角度，确保运动精度和路径的正确性。当一个传感器出现故障时，另一个传感器可以继续提供必要的数据支持，保证机器人的正常运行和安全性。

除了传感器的冗余设计，协作机器人还通常配备双重控制器和双重电源系统。双重控制器能够确保在一个控制器发生故障时，备用控制器能够立即接管控制任务，避免机器人失控。双重电源系统则确保在主电源失效时，备用电源能够提供持续的电力供应，保障机器人关键系统的正常运行，避免因突然断电导致的安全事故。这些冗余设计不仅提高了系统的可靠性，还增强了机器人在复杂环境中的适应能力，并确保其能够在各种条件下安全、高效地运行。

协作机器人的安全设计原则是通过固有安全设计、风险评估和冗余设计，构建出一个全面的安全保障体系。固有安全设计通过轻质材料、柔性关节和圆滑设计，减少了碰撞时的伤害风险；风险评估通过详细分析和模拟，识别和缓解了潜在的安全风险；冗余设计通过多重备份系统，确保了系统的可靠性和持续性。这些安全设计原则共同确保协作机器人能够在与人类工人协作时，提供一个安全、高效的工作环境，推动了智能制造和工业自动化的发展。

（三）关键安全技术

协作机器人在安全设计中应用了多种先进技术，以确保人机协作环境下的高安全性。这些关键安全技术包括力控与碰撞检测、速度与分区控制、视觉与传感技术以及智能算法与人工智能。

力控与碰撞检测是协作机器人安全设计的重要组成部分。协作机器人配备了高精度的力矩传感器，能够实时监测机器人关节的力矩和速度。在检测到异常力矩或碰撞时，系统会立即停止机器人运动，防止对人类工人造成伤害。当机器人手臂与工人发生碰撞时，力矩传感器会检测到异常的力矩变化，并立即触发紧急停止机制。这种快速响应机制确保机器人在碰撞发生的瞬间停止运动，最大限度地减少对工人的伤害。力控技术不仅适用于碰撞检测，还可以用于精细装配和抓取任务，通过实时调节力矩和速度，确保操作的精确性和安全性。

速度与分区控制技术通过划分机器人工作区域，实施动态安全保护。协作机器人工作区域通常分为多个安全区域，每个区域的安全等级和操作速度不同。在靠近人类工人的区域，机器人会自动降低速度，以减少碰撞风险。这种区域控制通过传感器和智能算法实现，当机器人进入靠近工人的区域时，系统会实时监测并自动调节机器人的运动速度，确保安全操作。在无人区域，机器人可以高速运行，提高工作效率。通过这种动态调整，协作机器人能够在保证安全的前提下，实现高效工作。此外，速度控制还会结合力控技术，进一步增强了安全性和灵活性。

视觉与传感技术是协作机器人实现安全操作的重要手段。协作机器人集成了先进的视觉传感器和深度相机，能够实时监测工作环境和工人位置。通过图像处理和深度信息，机器人可以识别并避开工人，确保安全操作。机器人的视觉系统可以实时监控工人的手部动作，并在检测到工人手靠近危险区域时自动减速或停止。视觉传感技术不仅用于安全监控，还用于任务识别和路径规划。通过实时获取和处理环境信息，协作机器人能够灵活应对各种复杂的工作场景，确保操作的安全性和高效性。

智能算法与人工智能技术在协作机器人安全设计中起着关键作用。协作机器人采用了先进的智能算法和人工智能技术，能够自主学习和适应不同的工作环境和任务。通过机器学习算法，机器人可以优化工作路径和操作策略，减少误操作和碰撞风险。机器人可以通过学习工人的操作习惯和行为模式，预测工人的每一步动作并提前做出避让。机器人可以根据历史数据分析工人的操作频率和模式，提前预判工人的动作轨迹，避免碰撞和误操作。人工智能技术还使机器人能够适应复杂和动态的工作环境，通过不断学习和调整，提高操作的安全性和效率。

在实际应用中，这些关键安全技术相互配合，共同构建了协作机器人安全设计的整体框架。在一条工业装配线上，协作机器人通过力控与碰撞检测技术，实时监测和调整操作力矩，确保装配过程中的安全和精确。速度与分区控制技术动态调整机器人的运动速度，避免对工人产生伤害，并提高操作效率。视觉与传感技术实时监控工作环境和工人位置，确保机器人能够灵活避开障碍和危险。智能算法与人工智能技术则通过自主学习和优化,不断提高操作的安全性和效率,适应不断变化的工作环境和任务需求。

协作机器人通过力控与碰撞检测、速度与分区控制、视觉与传感技术以及智能算法与人工智能等关键安全技术,实现了高安全性的人机协作。这些技术的综合应用,不仅确保了协作机器人在工业环境中的安全运行,还提高了操作效率和灵活性,推动了智能制造和工业自动化的发展。

(四)安全操作与培训

在确保协作机器人安全运行的过程中,除了硬件和软件的设计,安全操作规范和人员培训也起着至关重要的作用。这些措施可以有效预防安全事故,提高操作人员的安全意识和技能,确保协作机器人系统的稳定性和可靠性。

操作规范是保障协作机器人安全运行的基础。应制定详细的操作规范和安全手册,可以明确协作机器人操作过程中的安全要求和注意事项。这些规范应涵盖所有的操作场景和突发状况,确保每个步骤都具有明确的指导。工人在进入机器人工作区域前,必须确认机器人处于安全模式,防止因意外启动造成的伤害。此外,操作规范应强调在操作过程中佩戴必要的安全防护装备,如安全眼镜、手套和防护服等,以减少直接接触带来的风险。规范的制定还应包括紧急停止按钮和安全栅栏的使用方法,确保在发生紧急情况时,工人能够迅速采取措施保护自身安全。通过严格遵守操作规范,可以有效降低操作风险,确保协作机器人与人类工人的安全协作。

人员培训是提升操作人员安全意识和技能的重要手段。对操作人员进行全面的安全培训,使其了解协作机器人的安全设计、操作规范和应急处理方法,是保障安全运行的关键。培训内容应包括机器人系统的基本原理,使操作人员了解机器人的工作机制和安全设计,增强对机器人的信任感。安全操作步骤的培训可以指导操作人员正确执行每个操作,减少误操作的可能性。此外,常见故障处理和紧急情况应对措施的培训,使操作人员能够在出现问题时迅速采取有效措施,防止事态恶化。当机器人出现异常噪声或运动异常时,操作人员应立即按下紧急停止按钮并进行检查。通过定期的培训和演练,提高操作人员的应变能力和操作技能,减少因误操作导致的安全事故,保障协作机器人系统的长期安全运行。

定期维护与检查是确保协作机器人系统稳定性和可靠性的必要措施。定期对协作机器人进行维护和检查,确保各个安全装置和传感器正常工作,是防止安全隐患的有效手段。维护内容应包括清洁和润滑机械部件,以减少摩擦和磨损,确保机械部件的平稳运行。校准传感器和检查电气系统是维护中的重要环节,通过校准传感器,可以确保其检测的准确性,避免因传感器失灵导致的安全事故。电气系统的检查可以及时发现和排除电路中的潜在问题,防止短路、过载等电气故障的发生。此外,维护记录应详细记录每次维护和检查的内容和结果,以便追踪和管理机器人的维护状况。通过定期维护,及时发现和排除潜在的安全隐患,保障协作机器人系统的长期安全运行。

安全操作与培训在协作机器人安全保障中发挥着重要作用。通过制定详细的操作规范,操作人员可以严格按照安全要求进行操作,减少意外事故的发生。全面的人员培训可以提高操作人员的安全意识和操作技能,确保在遇到紧急情况时能够迅速采取有效措施。定期的维护与检查可以及时发现和排除安全隐患,确保协作机器人系统的长期稳定运行。这些措施相互配合,构成了一个全面的安全保障体系,共同推动协作机器人在各个领域的安全应用,促进智能制造和工业自动化的发展。

协作机器人的安全标准涵盖了从设计、制造到操作和维护的各个方面,通过国际标准、设计原则、关键技术和操作规范的综合应用,确保机器人与人类工人在工业环境中的安全协作。随着技术的不断进步,协作机器人将越来越多地应用于各个行业,进一步推动智能制造和工业自动化的发展。

劳动力市场的变革

机器人技术的迅猛发展正在重塑劳动力市场,并带来深刻的变革。随着自动化和智能化水平的不断提升,传统的手工劳动和重复性任务将逐步被机器人所取代,这不仅改变了工作岗位的性质,也对劳动力的技能要求提出了新的挑战。同时,协作机器人的出现推动了人机协作模式的普及,提高了生产效率和工作环境的安全性。为了应对这些变化,劳动力市场需要进行技能提升和再培训,以适应新技术环境。此外,机器人技术的应用已逐步扩展到服务业和新兴产业,为这些领域带来了新的机遇和挑战。在这一背景下,政府和企业必须共同努力,通过完善职业教育和社会保障体系,确保劳动力市场的平稳过渡和可持续发展。

一、工作岗位的自动化与再定义

机器人技术的广泛应用正在显著改变劳动力市场,尤其是在自动化和工作岗位的再定义方面产生了深远的影响。随着工业机器人在汽车制造、电子产品装配和食品加工等领域的应用,这些行业中的许多传统手工劳动和重复性任务实现了高效、精准的自动化。焊接、组装、搬运和包装等任务,现在由机器人完成,不仅提高了生产效率,还保证了产品质量的一致性和精确度。这种自动化进程直接导致了一些低技能、重复性工作的消失,因为机器人能够更快速、更精确地完成这些任务。结果是,劳动力市场对这些传统岗位的需求显著减少,许多工人面临转岗或失业。

尽管如此,自动化也创造了新的就业机会和岗位。随着机器人技术的普及,对机器人操作、编程和维护的需求会迅速增长。工业机器人系统的设计、安装和维护需要专业技术人员,这些岗位通常需要更高的技能水平和专业知识。机器人编程涉及复杂的代码编写和调试,需要掌握特定的编程语言和技术工具。维护工程师需要了解机器人的机械结构和控制系统,能够进行故障诊断和维修。这些岗位不仅提供了新的就业机会,还推动了劳动力市场向高技能、高教育水平的方向转型。

这一转型要求工人具备更高的技术能力和专业知识。传统的工厂工人正在逐步转变为技术工人和工程师,他们需要接受相关的培训和教育,以适应新的岗位需求。许多工人通过参加职业培训课程,学习机器人操作和维护的相关技能,提升自己的职业竞争力。教育机构也在不断调整课程设置,增加与机器人技术相关的专业和课程,培养新一代的高技能工人。这种转型不仅在短期内带来了挑战,也在长期内提供了新的机遇。工人通过学习和掌握新技术,能够获得更高的薪酬和更好的职业发展机会。同时,企业通过应用机器人技术,提高了生产效率和产品质量,增强了市场竞争力。总体而言,机器人技术的发展正在重塑劳动力市场的结构和性质,推动整个社会向更高效、更智能的方向发展。

这一过程中也存在一些问题。如技能提升和再培训需要时间和资源,部分工人在短期内难以适应新的岗位需求。社会保障体系需要进一步完善,以帮助失业工人顺利过渡到新的工作岗位。政府和企业在这一过程中要承担相应责任,需要共同努力,提供必要的支持和保障。

机器人技术的进步正在深刻影响劳动力市场。通过自动化实现工作岗位的再定义,不仅推动了生产效率的提高,也带来了新的就业机会和挑战。工人需要不断提升技能，以适应新技术环境，政府和企业也需要提供必要的支持和保障，确保劳动力市场的平稳过渡和可持续发展。

二、协作机器人与人机协作模式

协作机器人的出现和应用，正在深刻改变传统的工作模式，促进了人机协作的普及。与传统的工业机器人不同，协作机器人设计的初衷并不是完全取代工人，而是与他们共同工作，完成复杂的任务。协作机器人可以在生产线上执行繁重、重复的任务，如零部件的搬运、组装等，而人类工人则负责更具创造性和决策性的工作，如质量检查和工艺改进。

协作机器人具备许多传统工业机器人所不具备的特性。它们通常具备更高的安全性设计，能够在人类工人附近安全工作。因配备有高灵敏度的传感器，协作机器人能够实时检测周围环境和人类工人的存在，并在检测到异常情况时立即停止或调整操作，避免碰撞和意外伤害。协作机器人具有高度的灵活性和可编程性，能够根据不同的任务需求进行快速调整和重新编程，这使得它们在小批量、多品种生产环境中尤为适用。

这种人机协作模式显著提高了生产效率。在许多制造行业，协作机器人能够代替人类工人完成高强度、重复性高的劳动任务，从而释放工人去处理更加复杂和需要判断力的工作。这不仅提高了生产线的整体效率，也优化了人力资源的配置。在电子产品装配线上，协作机器人可以负责元器件的精准安装和焊接，而人类工人则只需进行最终的质量检查和测试，确保产品的高质量和可靠性。

协作机器人对工作环境和工作条件的改善也具有重要意义。工人们不再需要进行高强度、重复性的劳动，而是更多地从事监控、操作和维护等工作。协作机器人能够减轻工人的体力负担，降低工作中的疲劳和受伤风险，从而提高工人的工作舒适度和安全性。这种改善不仅有助于提升员工的士气和工作效率，还可以减少由于过度劳累和工作相关事故导致的缺勤和医疗费用。在汽车制造业中，工人不再需要长时间搬运沉重的零部件，而是可以通过操作协作机器人完成这些任务，显著减少了体力消耗和受伤风险。

操作和维护协作机器人需要一定的技术知识和技能，工人在工作过程中需要学习和掌握这些新技能。这为工人提供了职业发展的新机会，能够提升他们的技能水平和就业竞争力。企业也通过提供培训和再教育，帮助员工适应新的工作模式，从而推动整体劳动力素质的提升。

协作机器人在实际应用中也面临一些问题。成本问题依然是许多中小企业普及协作机器人的障碍。尽管协作机器人的价格在逐步下降，但对于一些中小企业来说，初始投资依然较高。协作机器人技术的应用需要对现有的生产流程和工作环境进行调整和优化，这需要时间和资源。此外，工人与协作机器人之间的协调和配合也是一个需要解决的问题，如何确保人机协作的高效性和安全性是企业需要持续关注的重点。

协作机器人通过实现人机协作，正在改变传统的工作模式，提高生产效率，改善工作环境和工作条件。它们不仅减轻了工人的体力负担，提升了工作舒适度和安全性，还促进了技能提升和职业发展。尽管面临一些挑战，但随着技术的进步和应用经验的积累，协作机器人将在越来越多的行业和领域中发挥其重要作用，推动制造业和其他行业向智能化、自动化方向发展。

三、劳动力技能提升与培训需求

随着机器人技术的不断进步，劳动力市场对工人的技能要求也在不断提升。未来传统的工厂操作工人需要具备机器人操作、编程和维护等专业知识，以适应新技术环境的需求。这种转型不仅是个人职业发展的需要，也是整个劳动力市场转型升级的重要推动力。

工人需要进行再培训和技能提升，以掌握机器人技术和自动化操作的相关技能。机器人操作涉及复杂的控制系统和程序编写，工人必须学习如何编写和调试机器人程序，了解机器人的运动控制和传感器技术。此外，维护技能也非常重要，因为机器人系统需要定期检查和维护，以确保其长期稳定运行。这些新技能不仅可以提升工人的职业竞争力，还可以为他们提供更高的薪酬和更好的职业发展机会。

许多国家和地区已经意识到技能提升的重要性，开始大力推动职业教育和培训计划。政府可以通过资助培训项目、提供税收优惠和设立专项基金等措施，鼓励企业和工人参与技能培训。例如，一些国家设立了机器人技术培训中心，为工人提供免费的职业培训课程，帮助他们掌握机器人操作和维护技能。企业可以通过内部培训、与职业学校合作以及在线教育平台，为员工提供持续的技能提升机会。内部培训可以针对企业的具体需求，定制化地培养员工的技能，使其能够快速适应新技术的应用。与职业学校合作，可以利用专业的教育资源，为员工提供系统的理论知识和实践操作。在线教育平台则提供了灵活的学习方式，工人可以利用空闲时间进行学习，提高自己的技能水平。

这种技能提升和培训需求不仅有助于工人个人职业发展的可持续性，也推动了整体劳动力市场的转型升级。在全球竞争日益激烈的背景下，劳动力市场的技能水平直接影响到国家和地区的竞争力。通过提升工人的技能水平，可以提高生产效率和产品质量，增强企业的竞争力。此外，高技能劳动力的增加也有助于吸引更多的高科技企业和投资，推动经济的进一步发展。

四、服务业与新兴产业的机器人应用

机器人技术的应用已经超越了传统制造业，逐渐渗透到服务业和新兴产业中，并带来了显著的效率提升和工作模式的变革。在物流和仓储行业，自动化仓库和自动引导机器人的应用极大地提高了货物分拣和搬运的效率。这些机器人能够准确、快速地完成货物的识别、分拣和运输工作，大幅减少了人工操作中的错误率和劳动力成本。例如，亚马逊的 Kiva 机器人系统可以自动搬运和分拣货物，显著提高了仓库的运营效率和订单处理速度。

在医疗领域，手术机器人和护理机器人的应用正在逐步改变医疗服务的提供方式。手术机器人如达·芬奇机器人系统，能够辅助医生进行高精度的手术操作，减少手术创伤，提高手术的成功率和恢复速度。护理机器人则可以协助护士进行日常护理任务，如移动病人、监测生命体征和提供药物管理服务，减轻了护理人员的工作负担，提高了护理服务的质量和效率。这些机器人不仅提高了医疗服务的质量，还提升了患者的满意度和安全性。

新兴产业如无人驾驶汽车和无人机的发展同样依赖机器人技术的支持。这些产业的兴起不仅创造了大量的新岗位，如无人驾驶汽车工程师、无人机操作员和数据分析师，还对传统的运输和物流行业产生了深远影响。无人驾驶汽车通过应用传感器、机器学习和人工智能技术，实现了自动导航和驾驶，能够在减少交通事故、提高交通效率和降低运输成本方面发挥重要作用。无人机技术则广泛应用于物流配送、农业监测和灾害救援等领域，并显著提高了这些领域的效率和响应速度。

随着机器人技术在这些领域的广泛应用，传统岗位的技能要求和工作内容也在不断变化。物流和仓储行业的工人需要掌握自动化设备的操作和维护技能，以适应自动化仓库的工作环境。医疗行业的医生和护士需要接受培训，了解手术机器人和护理机器人的操作原理和使用方法，以提高医疗服务的质量和效率。无人驾驶汽车和无人机产业的发展则需要大量的工程技术人才，具备机器人编程、传感器技术和数据分析等专业知识，以推动技术的不断进步和应用。

机器人技术在服务业和新兴产业中的应用，还带来了许多社会和经济效益。提高了行业的生产效率和服务质量，减少了人工操作中的错误率和成本。改善了工作环境和工作条件，减少了高强度、重复性工作的负担，提高了工人的工作舒适度和安全性。此外，机器人技术的广泛应用还推动了相关技术的发展和创新，促进了产业链的升级和转型。

机器人技术的应用也带来了一些问题。技术的快速发展要求劳动力市场快速适应新的技能需求，传统工人需要接受再培训和技能提升，以适应新技术的应用。机器人技术的普及导致一些低技能岗位的消失，引发社会和经济的不平衡。为应对这些问题，政府和企业需要共同努力，推进职业教育和培训计划，提供必要的社会保障和支持，确保劳动力市场的平稳过渡和可持续发展。

机器人技术在服务业和新兴产业中的应用，显著提高了行业的效率和质量，创造了新的就业机会和岗位，推动了传统岗位的转型升级。通过不断提升工人的技能水平和专业知识，适应新的技术环境，可以实现劳动力市场的转型升级，增强国家和地区在全球竞争中的竞争力。同时，政府和企业需要共同努力，提供必要的支持和保障，确保劳动力市场的平稳过渡和可持续发展。

第六章 现代物流自动化

在当今高度竞争的市场环境中,物流效率已成为企业保持竞争力的关键因素。现代物流自动化通过应用先进的技术手段,实现仓库管理、货物拣选和运输配送的智能化和高效化,为企业提供了强有力的支持。本章将深入探讨现代物流自动化的各个方面,包括仓库管理系统(WMS)、自动化拣选技术以及运输与配送自动化。这些技术不仅提高了物流运作的效率和准确性,还显著降低了运营成本,优化了供应链管理,最终为企业带来了更高的客户满意度和竞争优势。通过对这些系统和技术的详细分析,我们将了解如何利用现代物流自动化手段,推动企业物流运营的数字化转型和创新发展。

仓库管理系统

当前,我国的仓储企业充分把握了智能化的发展契机,充分利用了互联网技术发展的条件,通过挖掘海量的物流信息,实现对物流的决策管理。但是我国当前的仓库智能化还存在一些不足,特别是在物流环节中,关于优化物流智能化决策等相关技术还处于研究阶段。在物流行业快速发展的同时,决策管理却难以跟进,管理决策缺乏科学性,导致企业利润下降,没有更多的资金技术投入科技研发,无法很好地顺应时代发展潮流。在现代全球化的商业环境中,企业面临着从各个方面来优化运营和提高效率的挑战,智能仓库物流管理系统的重要性越来越明显,其将最新的技术与物流操作相结合,以增强企业的竞争优势,提高仓库管理的效率和准确性。智能仓库物流管理系统主要利用先进的硬件设备和软件系统,以自动化和智能化的方式完成从货物入库到出库的整个流程。这样的系统设计旨在减少人为错误,提高工作效率,降低操作成本,并在某些基础上改善工作环境。本节的目的是深入研究和分析智能仓库物流管理系统，包括其组成部分、功能、实施和操作过程及其带来的优势和挑战。同时，将展望这个领域的未来发展趋势，特别是如何将一些新兴技术，如人工智能、机器学习、物联网、区块链等，引入智能仓库物流管理系统，并预测它们带来的影响和挑战。此外，物流管理决策是否科学，不仅影响着企业自身的发展及经济效益，还会对整个行业的发展产生重要影响。物流行业的管理部门制订科学合理的物流决策方案对本行业具有深远影响，从企业发展角度看，正确的物流管理决策可以提高企业的物流管理水平。

一、仓库物流管理现状及实现智能化的必要性

随着科技革命的深入发展，机械化与信息化的程度逐渐提高。从机械化的角度看，叉车、托盘等大型设备在物流仓库信息管理系统中使用效果优良，全国的仓库机械化作业率较高，管理信息化程度也占有相当重要的比例。从信息化的角度看，我国的仓库信息化水平正在向智能化的方向迈进，条形码、二维码等技术以及物流信息实时更新追踪等都有了较大的提升，在专业仓库行业的应用比例都有了较大的提高。然而，我国的物流存在建设成本高、企业规模小、自动化技术普及程度低等问题，这些问题制约着我国物流行业信息的发展。我国的物流行业成本一直居高不下，有关数据表明，近几年来我国的物流费用在国民经济生产总值中占比较高。如何控制和降低其在国民经济中的占比，关系每个人的切身利益。我国企业的一些乱象还很明显，且技术水平低下，企业的数量和就业人数虽然在上升，但是技术含量低，基本不提供物流增值服务。行业的投机性强，抗风险能力弱是传统仓库服务的特点，难以在激烈的市场竞争中占有一席之地。行业内基础设施水平还比较落后，智能化的系统在仓库行业内尚未得到广泛应用。一些基于互联网的仓库平台还没有成熟的商业发展模式，有待完善新兴的仓库领域快速发展，在提高用户体验、提升配送效率等方面做出了改进和创新。电商企业要加快基础设施建设。另外，要扩大对外开放，吸引外资建设成本，在资本市场的推动下，使仓库领域和技术获得较快发展。我国的仓储行业转型升级获得了显著成果，在经营模式上，仓储企业正在不断更新技术发展水平，转变企业发展模式，努力实现仓库空间的最大化效率。在发展方向上，企业通过兼收并蓄，延长企业产业链、服务链，实现仓库领域和网络化的深度融合。随着制造业工业化水平的不断提高，商贸流通外包需求也在快速增长中国经济的持续健康发

展,也为物流行业的快速发展提供了巨大的市场需求,为物流行业的发展带来了新的增长极。

二、仓库物流管理智能化

智能仓库物流综合解决方案主要由车机、平台、服务组成。通过安装在车辆上的专业设备,为用户提供精确的车辆运输信息,为车辆提供更加精准的导航系统,平台提供整个系统运行的各种软件应用,贯穿服务的各个环节。基于互联网高科技的发展,近年来,"物联网"一词也不断映入人们的眼帘。物联网技术具有非接触式、容量大、抗干扰等优点,在智能仓库管理体系中可以发挥很大作用,为行业管理带来极大的便利。根据对智能化仓库管理的分析,基于物联网技术的不断发展,物流仓库系统发展应当满足多个条件。首先,需要通过货品的储存管理,提高企业的经济效益,激发企业的工作积极性,为管理体系建设投入更大的人力、物力。通过规范业务操作流程,实现存储、出入库、盘点等多环节的自动化。畅通的业务流程是保障系统正常运行的前提,采用科学的管理体系和组织结构可以提高货物的吞吐量,提高经济效益,促进行业的变革。其次,减轻工作人员的工作量,激发员工的生产积极性,为企业发展创造更大的效益。最后,过程管理的可视化发展以及仓库信息的可视化发展能够及时掌握物品的流动发展信息,实现库存信息自动化,进而实现库存管理的无纸化作业,还可以提高仓库管理质量,对供应链建设具有深远影响。总的来说,智能仓库物流管理系统的主要功能是自动化和智能化地完成从货物接收到发货的整个过程,同时优化仓库操作,提高效率,减少错误,降低成本。在未来,随着新技术的不断发展和应用,我们期待这种系统能够提供更多的功能,更好地满足企业的需求。

三、智能仓库系统的设计要点

智能仓库物流管理系统是一种集成了各种先进技术和设备的综合性系统,旨在提高物流操作的效率和精确性。本节将重点介绍这个系统的主要组成部分和功能。智能仓库物流管理系统通常由两大部分组成:硬件和软件。硬件设备包括自动化存储和检索系统(ASRS)、自动引导车(AGV)、条形码和RFID扫描器,以及其他仓库自动化设备。这些设备能够在人工干预最少的情况下,自动执行物品的接收、存储、搬运、拣选和发货等任务。软件系统则是该系统的大脑,负责控制和协调硬件设备的运作,以及处理与库存管理、订单处理、数据分析等相关的信息。这种软件系统通常具有强大的数据处理和预测能力，可以自动跟踪库存状态，预测库存需求，优化拣选和发货的顺序，从而提高整个仓库的运行效率。这些硬件和软件系统不是孤立工作的，而是密切协同，形成一个整体的、智能化的仓库物流管理系统。当一个新的订单被输入系统，软件系统会立即计算出最优的拣选路线，并指导AGV自动完成拣选和运输任务。在此过程中，系统还会实时更新库存信息，确保库存数据的准确性。

随着互联网技术的不断发展，电子商务平台的不断进步，物联网技术若想在智能化仓库建设中发挥作用，就要从仓库系统的设计入手，在进行智能仓库系统设计时，要本着高效率、科学严谨、服务求实的态度开展工作。智能仓库的设计工作要集中在智能仓库管理和盘点管理，以及出库管理和物联网供应链建设等方面。在设计时，为避免事故的发生，需要对其进行安全检测。

（一）智能仓库入库管理

智能仓库入库管理系统在现代仓储管理中起到了至关重要的作用，尤其是在物联网技术的推动下，这一过程变得更加高效和精准。物资的验收入库工作通常包括采购、调拨和退回等多个方面，每个环节都需要准确地记录和核实，以确保物资的数量和质量符合要求。传统的仓库入库管理主要依赖人工操作，存在效率低下、易出错等问题。而随着物联网技术的不断发展，智能仓库管理系统极大地提升了这一过程的效率和准确性。

在物资验收过程中，物联网技术通过各种传感器和识别设备，实现对物资的自动记录和识别。RFID标签和条形码扫描技术可以快速、准确地读取物资信息，并将这些信息实时上传至仓库管理系统。智能仓库管理系统通过对这些数据进行分析和处理，能够迅速核实物资的数量、质量和规格等信息。一旦发现任何异常或问题，系统会立即做出反馈，并通知相关人员进行处理。这种高效的反馈机制，不仅提高了物资验收的准确性，还大大减少了人工核对的时间和劳动力成本。

智能仓库管理系统的优势还在于其高度的自动化和智能化。通过物联网技术，仓库中的各类设备和系统实现了互联互通，形成了一个完整的智能化仓储管理网络。自动化传送带和机械臂可以根据系统指令，自动将验收合格的物资运送至指定的存储区域，避免了人工搬运中的错误和损耗。此外，系统还可以根据物资的属性和库存情况，智能地安排物资的存储位置，优化仓库的空间利用率。

物联网智能仓库不仅提高了入库管理的效率和准确性，还显著提升了整个仓库管理的生产效率。通过实时的数据采集和分析，仓库管理者可以全面掌握仓库的运作情况，作出更加科学和合理的决策。系统可以根据入库数据，实时更新库存信息，为后续的采购计划和库存管理提供准确的数据支持。这样，不仅减少了库存积压和短缺的风险，还提高了供应链的整体运作效率。随着业务的发展和技术的进步，系统可以通过增加新的传感器和设备，不断扩展和升级功能，适应不同的业务需求。在电商仓库中，可以通过集成自动拣选系统和配送系统，实现从入库到出库的全流程自动化，极大提高了订单处理速度和客户满意度。

在实际应用中，智能仓库入库管理系统的成功实施，往往需要企业在技术和管理上进行全面的规划和协调。首先，企业需要根据自身的业务特点和需求，选择合适的物联网技术和设备，确保系统的稳定性和可靠性。其次，企业需要对相关人员进行培训，使其熟悉和掌握新系统的操作和维护，确保系统的正常运行。最后，企业需要建立健全管理制度和流程，确保系统能够充分发挥其效能，实现仓库管理的智能化和高效化。

智能仓库入库管理系统通过物联网技术的应用，实现了物资验收入库过程的高效、精准和自动化。这不仅提高了仓库管理的效率和准确性，还显著提升了整个仓库管理的生产效率。随着物联网技术的不断发展和应用，智能仓库管理系统将在仓储管理中发挥越来越重要的作用，为企业的高效运营和持续发展提供有力的支持。

（二）智能仓库货物盘点管理

智能仓库货物盘点管理在现代仓储管理中起着至关重要的作用。传统的仓库盘点通常依赖人工操作，过程烦琐且容易出错，而且耗费大量的人力和时间。而智能化的仓库管理系统通过将物联网技术融入其中，实现了盘点工作的自动化和高效化，极大地提升了工作效率和数据准确性。

盘点是仓库管理的核心工作之一，旨在确保实际库存与系统记录一致，防止物资丢失或短缺。智能仓库管理系统通过集成RFID标签、条形码扫描器和其他传感设备，实现对库存物资的实时监控和自动盘点。当进行货物盘点时，系统会自动扫描和读取每件物资的信息，并将这些数据传输到后台进行处理。与订单数据进行对比后，系统能够快速识别库存差异，并对相关数据进行存储和分析。传统的人工盘点不仅耗时长，而且容易出现漏盘或错盘的情况。智能仓库管理系统通过自动化设备和传感器，能够在短时间内完成大量物资的盘点工作，大大减少了人工操作的时间和错误率。系统还可以根据盘点结果，自动生成详细的盘点报告，并以特殊格式进行展示，便于管理人员进行查阅和分析。

系统能够实时更新库存信息，并将所有盘点数据进行分类存储，确保数据的完整性和准确性。通过数据分析，管理人员可以全面了解仓库的库存状况，及时调整库存策略，避免库存积压或短缺的情况发生。系统可以根据历史数据和当前库存情况，预测未来的库存需求，提供科学的补货建议，提高库存管理的科学性和准确性。

智能仓库管理系统不仅提高了盘点工作的效率和准确性，还增强了仓库管理的安全性。系统通过多维度的监控体系，对仓库内的每一个操作进行实时监控，确保各个环节的安全运行。当系统检测到异常情况，如货物丢失或库存异常时，会立即触发报警，并通知相关人员进行处理。这种实时监控和反馈机制，有效保障了仓库管理的安全性，防止物资损失和安全事故的发生。

智能仓库管理系统还具备高度的可扩展性和灵活性。随着物联网技术的发展，系统可以不断集成新的设备和技术，进一步提升盘点管理的效率和准确性。利用无人机进行空中盘点，可以快速覆盖大型仓库区域，极大地提高盘点速度和覆盖范围。此外，系统还可以通过与企业的ERP系统无缝对接，实现库存信息的实时共享和更新，进一步优化企业的供应链管理。

（三）智能仓库的出库管理

智能仓库的出库管理在现代物流系统中起着至关重要的作用，其主要任务包括处理出货单、查询和审核订单信息等。通过智能化手段，仓库管理系统能够极大地提升出库工作的效率和准确性，从而确保客户订单得到及时、准确地处理和配送。

在智能仓库中，出库管理依赖出货单的生成和处理。出货单包含了详细的订单信息，包括客户需求、物资规格和数量等。智能仓库管理系统通过自动化的数据处理和分析，能够快速生成出货单，并将这些信息传输给相关部门进行进一步处理。在这一过程中，系统会对订单进行分拣和分析，并根据客户的订单信息进行物资分配。如果当前库存量大于客户需求量，系统就会自动批准订单，进入正常的出货流程。

智能仓库管理系统的一个显著优势是其能够实现实时查询和审核功能。

通过物联网技术和数据集成，系统能够实时更新库存信息和订单状态，仓库管理人员可以随时查询和审核出货单的详细信息，确保出库工作的准确性和及时性。当接收到新的订单时，系统会自动查询当前的库存情况，并根据客户需求进行物资分配。如果库存不足，系统会及时通知相关部门进行补货或调整订单，避免因库存不足导致的订单延误或取消。

在实际的出库操作中，负责调度的工作人员会根据物资计划生成相应的配送计划，并将计划送达到仓库管理员手中。配送计划包含详细的物资信息、配送路线和时间安排等，确保出库工作的有序进行。仓库管理员按照有效信息进行操作，完成物资的拣选、包装和出库工作。智能仓库管理系统通过自动化设备和传感器，能够实时监控和记录出库操作的每一个环节，确保物资的准确出库和及时配送。智能仓库的出库管理不仅提高了出库工作的效率和准确性，还显著优化了物流和供应链的整体运作。通过自动化分拣系统和传送带，物资可以快速、准确地从仓库运送到出货区，减少了人工搬运的时间和成本。此外，智能仓库管理系统还能够根据订单的优先级和紧急程度，动态调整出库顺序和配送路线，确保客户需求得到最快速的响应和满足。

智能仓库出库管理的另一个重要方面是数据的分析和反馈。系统能够对出库操作的数据进行实时分析，生成详细的出库报告和统计数据。这些数据不仅为仓库管理提供了全面的运营情况，还可以为企业的决策提供有力的支持。通过分析出库数据，企业可以了解不同产品的出库频率和销售趋势，优化库存管理和采购计划，提高整体供应链的效率和响应速度。

为了确保智能仓库出库管理系统的有效运行，企业需要在技术和管理上进行全面的规划和协调。企业需要选择合适的自动化设备和物联网技术，确保系统的稳定性和可靠性。企业还需要对相关人员进行培训，使其熟悉和掌握新系统的操作和维护，以确保系统的正常运行。另外，企业需要建立健全管理制度和流程，确保系统能够充分发挥其效能，实现出库管理的智能化和高效化。

（四）基于物联网实现供应链全程的智能化配送服务模式

要实现真正意义上的智能化配送模式，关键在于企业供应链的共享发展和信息交流的强化。这种共享发展能够通过物联网技术的应用，促进企业之间的信息互通和协作，提高整体供应链的效率和效益。

企业的核心目标是盈利，而信息共享是为了优化资源配置和决策，最大限度地提高利润。物联网技术以物品的状态信息为核心，通过传感器、RFID标签、GPS和其他设备，实时监控和记录物品的流动情况。这些信息不仅包括物品的当前位置，还涵盖其温度、湿度、振动等环境参数，确保物品在运输过程中始终处于最佳状态。

通过物联网技术的发展，企业可以实现供应链和产业信息的高度融合。物联网设备能够实时采集和传输数据，形成一个全面的供应链信息网络。这个网络可以整合从原材料采购、生产制造、仓储管理到物流配送的全部信息，实现供应链全过程的透明化和可视化。企业可以通过这一网络，实时了解供应链的运行情况，快速响应市场需求和供应链变化，提高供应链的灵活性和适应性。这一平台通过整合各企业、供应商和物流服务提供商的数据信息，提供全面的供应链管理和智能配送服务。企业可以通过平台进行订单管理、库存监控、物流跟踪和数据分析，优化资源配置和运输路径，提高配送效率。平台可以根据实时交通和天气情况，动态调整配送路线，避免出现延误和损失。同时，通过平台的协同调度，企业可以共享运输资源，降低物流成本，实现供应链的协同优化。

通过数据的实时采集和分析，企业可以深入了解客户需求和市场趋势，优化产品和服务策略。基于物联网数据的精准预测和库存管理，可以减少库存积压和缺货风险，提高客户满意度。此外，通过数据驱动的营销和客户服务，企业可以提供个性化的配送服务，增强客户忠诚度和市场竞争力。

实现基于物联网的智能化配送服务模式，还需要企业在技术和管理上进行全面的创新和优化。企业需要投资和部署先进的物联网设备和技术，确保数据的准确性和实时性。企业还需要建立健全数据管理和安全机制，保护数据的完整性和隐私。另外，企业需要培养和引进高素质的人才，掌握和运用物联网和大数据技术，提高供应链管理和决策的科学性和智能化水平。

四、将机器人应用于智能仓库系统

在智能化仓库管理系统中，机器人技术的应用已经成为推动物流行业创新和效率提升的重要因素。通过将人工智能技术融入智能仓库系统，企业可以打造一个高效、智能的物流体系，全面提升仓储和物流运作的自动化水平。

仓库机器人可以自动对接物流信息任务，实现货物的自主流通。这种自主流通不仅大大减少了人力资源的投入，还能够极大地降低运营成本，使企业能够将更多的资金投入科研和技术创新，从而进一步增强企业竞争力。仓库机器人具备自主感知功能,能够通过内置的传感器和人工智能算法,实时感知周围环境,自主规划最优路线,进行环境构建和及时定位。这种高度自主的操作能力,使得仓库机器人在运行过程中无须对现有环境进行大规模改造,从而提高了空间利用效率和运行速度。

通过固定车体和智能工装,仓库机器人能够保障货物在运输过程中的安全稳定,消除潜在的安全隐患。这不仅确保了货物的完整性和安全性,还有效保障了工作人员的安全,避免了传统手工搬运中的常见事故。此外,智能巡航系统还可以根据实时情况自动调整运行路径和速度,进一步提高操作效率。

仓库机器人的应用不仅限于物流搬运和储存,它们还可以通过数据分析和人工智能技术,优化仓库管理的各个环节。仓库机器人可以实时监控库存状态,自动进行库存补充和盘点,确保库存的准确性和及时性。此外,仓库机器人还可以根据订单需求,智能地分配拣选任务,优化拣选路径,减少拣选时间和错误率,提高订单处理的效率和准确性。

通过引入仓库机器人,企业不仅提升了仓库和物流操作的效率,还实现了智能化和自动化管理。这种转变带来的直接好处包括降低运营成本、提高空间利用率和提升员工安全性。此外,智能仓库系统还为企业提供了丰富的数据支持,能帮助企业进行更精准的库存管理和供应链优化,从而提升整体运营的灵活性和响应速度。

智能化仓库管理系统中的机器人应用,通过人工智能和自主感知技术的结合,实现了仓库和物流操作的高度自动化和智能化。这不仅大大降低了人力资源和运营成本,还提升了仓库系统的效率、安全性和灵活性,为企业在激烈的市场竞争中提供了强有力的支持。

五、多维监控及可视化技术应用

多维监控及可视化技术的应用在现代物流管理中具有至关重要的作用。可视化系统作为一种图像处理系统,通过计算机技术将数据化的信息转化为可视图像,并进行深入的理论分析。这种技术使得物流管理者可以直观地了解和掌握物流运作中的各种数据,从而作出更加精准和高效的决策。

在物流过程中,数据分析处理与决策的综合性发展技术,包括计算机的可视化处理,这是确保物流系统高效、安全运行的关键。研究数据显示,通过对数据的实时监控和分析,可以显著提高物流系统的管理水平和工作效率。

多维监控体系能够对每一个系统操作进行全面的实时监控，确保各个环节的安全运行。通过这种方式，物流管理者可以及时发现并解决潜在的问题，避免因故障导致的系统停滞或安全事故。

利用多维度的监控体系进行实时监控，不仅可以保障系统的安全运行，还能够提高整体的工作效率。在仓库管理中，通过对机器人操作、货物流转和库存状态的实时监控，可以确保货物的准确存储和快速拣选。此外，运输过程中的实时监控可以帮助物流企业优化运输路线，减少运输时间和成本，提高运输的及时性和可靠性。通过将物流过程中的各类数据转化为可视图像，管理者可以直观地了解整个物流系统的运行状态。可视化技术不仅能够显示当前的操作情况，还可以通过数据分析和预测，提供未来可能出现的问题和解决方案。通过对历史数据的分析，可以预测未来的库存需求，提前进行库存调整，避免出现库存不足或过剩的情况。

多维监控和可视化技术还能够显著提高物流信息的管理水平。通过对物流数据的实时采集和处理，可以实现对物流信息的全面管理和控制。数据的实时更新和可视化展示，使得管理者能够及时了解物流过程中的各种动态信息，快速做出反应和调整。在订单处理过程中，通过对订单信息的实时监控，可以及时发现并处理异常订单，确保客户需求的及时响应。通过使用连锁组件，可以避免系统故障的发生，保障物流系统的稳定运行。连锁组件能够在检测到系统异常时，自动触发预警和保护机制，防止故障扩散或造成更大的损失。在仓库机器人操作中，如果检测到机器人出现异常操作，连锁组件可以立即停止机器人的运行，并通知维护人员进行处理，避免因机器人故障导致的货物损坏或系统停滞。

多维监控及可视化技术在现代物流管理中的应用，不仅提高了物流系统的安全性和工作效率，还显著提升了物流信息的管理水平。通过实时监控、数据分析和可视化展示，物流管理者可以更加全面地掌握物流系统的运行状态，做出更加精准和高效的决策。连锁组件的应用则进一步保障了系统的稳定运行，避免故障的发生，为物流系统的安全发展提供了有力支持。随着技术的不断进步，多维监控及可视化技术将在物流管理中发挥越来越重要的作用，为物流行业的发展带来更多的创新和机遇。

六、智能仓库物流实施效果评价

成功实施智能仓库物流管理系统需要一系列精心规划和执行的步骤。首先,需要进行深入的需求分析,了解企业的具体需求和目标。这涉及对现有仓库物流操作的全面评估,以确定需要改进或自动化的地方。其次,在设计阶段,根据需求分析的结果,设计团队将确定所需的硬件设备和软件系统,以及如何让它们协同工作。在这个阶段,还需要考虑如何整合新系统与现有系统,以实现无缝过渡。再次,实施阶段涉及购买和安装硬件设备,定制或配置软件系统,以及修改仓库布局以适应新系统。这个阶段需要高度的协调和管理,以确保所有的工作都按照计划进行。最后是测试和优化阶段,在系统投入运行前,需要进行详尽测试,以确认系统的功能是否正常,是否能满足企业的需求。此外,随着系统的运行,需要进行持续的优化,以进一步提高效率和性能。操作智能仓库物流管理系统需要一定的技能和知识。虽然这种系统大大减少了人工操作,但仍然需要人类来监控和控制系统的运行。因此,培训员工也是操作这种系统的关键。员工需要理解系统的工作原理,熟悉操作程序,以及如何应对出现的问题。在实施和操作智能仓库物流管理系统的过程中,企业需要充分考虑到这些因素,以确保系统能够顺利投入运行,并达到预期的效果。实施智能化的仓库管理能够带来诸多效果。可以提高生产效率,提高技术核心服务能力,可以通过科学技术为仓库行业的发展带来新动能。可以减少人力资源的投入,节省人力成本,降低人力需求,将更多的资金投入科技研发,为行业发展带来更大的进步;还可以节约成本,增加资源利用率,减少复杂性的操作,提高用户的体验感,增强服务性,降低总体的运行成本。另外,还可以改善经营管理,提高业务处理的准确性,满足企业的个性化需求应用智能化的仓库管理系统能够为企业带来提质增效的效果,实现企业效益的最大化。

七、物联网技术应用于仓库物流的展望

随着无线感知技术的应用,数字信息化时代的不断发展,物流仓库系统在不断更新发展,为构建智能化的仓库系统提供便利。物联网技术的发展前景十分广阔,但是也要清醒地认识到,我国当前的互联网技术处于起步阶段,还有很多问题需要整改,许多方面尚未发展健全。因此,要在短板上加大精力,集中力量补齐短板,为物流管理系统提供更大的支持,为经济的发展带来更加强劲的动力;还需要注意仓库物流信息安全,定期进行安全检查。智能仓库物流管理系统的未来发展将充满挑战和机遇。随着科技的快速发展,更多的新技术和工具,如人工智能、机器学习、物联网、区块链等,将被引入智

能仓库物流管理系统。人工智能和机器学习可以使系统具有更强的预测和决策能力，自动调整仓库物流操作以满足变化的需求。物联网可以实现设备和设备之间的实时通信，提高系统的协同性和灵活性。区块链可以提供一个安全、透明的数据平台，使所有的仓库物流信息都可以被准确、实时地记录和追踪。这些新技术将进一步提升智能仓库物流管理系统的性能，但同时会带来新的挑战。如何整合这些新技术，如何保护数据的安全和隐私，以及如何提升员工的技能以适应新技术，都是需要解决的问题。

智能仓库物流系统是未来物流业的发展趋势，是未来物流业发展的重要方向，对于提高我国物流信息发展具有重要意义。加快智能化仓库物流管理系统建设任重道远，需要冷静清醒地认识，提高现代化技术的应用比重，促进先进科学理论技术在物流领域得到更加广泛的应用，推进物流行业不断向前发展，有效解决行业发展中的难题，推进企业发展现代化，向着国际一流水平不断迈进，为国家物流行业的发展以及人民生活水平的提高带来更大便利，加大智能物流仓库攻关，不断完善配套的基础设施，转变企业的发展模式，促进企业革新，转变企业的发展方式，促进物流行业不断向尖端化和智能化方向迈进，促进现代化物流行业更好地为我国人民服务。

综上所述，智能仓库物流管理系统是一种能够显著提高仓库物流效率和准确性的技术。通过自动化和智能化的操作，以及实时的库存管理和数据分析，为企业带来显著的优势。然而，实施这种系统也面临系列的挑战，如高额的投资、技术更新的需求，以及员工培训的问题。未来，随着新技术的发展和应用，智能仓库物流管理系统将有更大的潜力。企业需要积极面对这些变化，适应新技术，最大限度地利用智能仓库物流管理系统的优势。同时，企业也需要关注出现的新挑战，采取有效的策略来应对。

自动化拣选技术

自动化拣选技术是现代物流和仓储管理中的关键技术之一，它通过利用机器人、传送带和自动化存储系统等智能设备，实现了对物资的高效拣选和分拣操作。随着电子商务和零售业的快速发展，对物流速度和准确性的需求不断增加，传统的人工拣选方式已经难以满足市场需求。自动化拣选技术不仅大幅提高了仓库的运作效率和准确性，还降低了人工成本和出错率，改善了工作环境的安全性和舒适度，从而推动了物流行业的现代化和智能化发展。

一、自动化拣选技术的概述

自动化拣选技术通过利用机器人、传送带和自动化存储系统等智能设备，显著提升了物资拣选的效率和准确性，减少了人工操作中的错误和劳动强度。与传统的人工拣选相比，这些技术能够根据订单需求快速、准确地完成仓库中物资的自动化拣选和分拣工作，实现包装和出库操作。自动化拣选技术不仅提高了仓库的运作效率，确保了订单的准确性和客户满意度，还大幅降低了工人的劳动强度，改善了工作环境的安全性和舒适度。此外，通过与仓库管理系统和企业资源计划系统（ERP）的集成，自动化拣选系统能够实现数据的实时共享和供应链的整体优化，适应多样化和个性化的客户需求，这为企业的高效运营和可持续发展提供了强有力的支持。

二、自动化拣选技术的类型

自动化拣选技术在现代物流和仓储管理中扮演着至关重要的角色，通过多种类型的技术和设备，满足了不同应用场景和需求，提高了仓库运作效率和准确性。

（一）自动导引车

自动导引车（AGV）是一种智能搬运和拣选车辆，能够在仓库中自主导航和移动。AGV通过先进的路径规划和传感器技术，可以在存储区和拣选区之间高效地搬运物资。AGV系统利用激光导航、磁条引导或视觉导航等多种技术，实现精确的路线规划和导航，确保物资的准时运输。AGV的引入减少了人工搬运的时间和劳动强度，显著提高了拣选效率和整体仓库运作的自动化水平。在一个大型物流中心，AGV可以同时处理多个订单，自动计算最优路径，避免碰撞和拥堵，从而大幅提高作业效率和订单处理速度。

（二）机器人拣选系统

机器人拣选系统采用工业机器人或协作机器人，通过机械臂和夹具完成物资的拣选和搬运。这种系统具备高精度和高效率的特点，能够根据预设的路径和策略，从货架上取下指定的物资，并将其放置在传送带或包装区。机器人拣选系统适用于各种类型的仓库和物资，不仅提高了拣选精度，减少了人为错误，还能 24 小时不间断工作，提高了仓库的利用率。机器人可以通过视觉识别技术和人工智能算法，快速识别目标物品的位置和形状，自动调整抓取方式，确保每次拣选的准确性和高效性。

（三）自动化存储和检索系统

自动化存储和检索系统（AS/RS）是一种高密度存储系统，通过自动化设备实现物资的存储和检索。AS/RS 系统使用立体货架和自动化存储设备，能够在垂直空间上大幅增加存储容量。通过计算机控制系统，AS/RS 可以快速、准确地完成物资的存取操作，提高了仓库的利用率和拣选效率。在一个电子商务仓库中，AS/RS 系统可以根据订单需求，自动从货架上取下所需商品，并快速运送到包装区，显著缩短订单处理时间，减少库存积压，提高物流效率。

（四）亮灯拣选系统

亮灯拣选系统（Pick-to-Light）是一种通过灯光指示进行拣选的技术。在拣选过程中，系统会点亮目标物资所在货架的指示灯，引导拣选人员或机器人完成拣选操作。这种技术能够显著提高拣选的速度和准确性，特别适用于多品种、小批量的订单处理。Pick-to-Light 系统通过灯光和数字显示，提供清晰的拣选目标，减少拣选人员的查找时间，降低错误率。在零售业仓库中，Pick-to-Light 系统可以快速引导拣选人员从货架上找到并取下所需商品，迅速完成订单拣选，提高了工作效率和客户满意度。

自动化拣选技术在不同应用场景中展现了其独特的优势和广泛的适用性。通过 AGV、机器人拣选系统、AS/RS 和 Pick-to-Light 等多种技术的结合，仓库管理实现了高效、准确、灵活的运作模式。这些技术不仅优化了仓库空间的利用率，提升了物资拣选的效率和准确性，还减轻了人工劳动强度，改善了工作环境。未来，随着技术的不断进步，自动化拣选技术将进一步推动物流和仓储管理的智能化和自动化，为企业的高效运营和客户满意度的提升提供强有力的支持。

三、自动化拣选技术的优势

自动化拣选技术在现代物流和仓储管理中展现了显著的优势，从提高效率和准确性到降低人工成本、提升仓库空间利用率以及增强灵活性和适应性，自动化拣选技术为企业的高效运营提供了坚实的技术基础。

(一)提高效率和准确性

自动化拣选技术通过智能设备和系统的协同工作,实现了高效、精确的物资拣选操作。自动化设备如机器人和 AGV,能够连续工作,不受疲劳影响,确保每次拣选操作的高精度和一致性。相比之下,人工拣选往往受制于工人的体力和注意力,容易出现错误和效率下降。自动化拣选技术依靠先进的传感器和控制系统,能够快速、准确地识别和拣选物资,极大地提高了拣选效率和准确性。在大型电商仓库中,机器人拣选系统可以在短时间内处理大量订单,确保及时发货和高效的库存管理。通过这种高效、准确的拣选方式,企业能够显著提升运营效率,满足客户的高标准需求。

(二)降低人工成本

自动化拣选技术通过减少对人工操作的依赖,显著降低了人工成本和管理成本。在劳动力短缺和劳动力成本不断上升的背景下,企业面临着招聘和维持大规模劳动力的挑战。自动化拣选技术为企业提供了一种可持续的发展路径,通过机器人和自动化设备替代人工,实现高效的物资拣选和搬运操作。AGV 和机器人系统可以全天候工作,无须休息和轮班,减少了对人力资源的需求。此外,自动化拣选技术还降低了工伤风险和劳动强度,提高了员工的工作环境和安全性。通过减少人力成本和提高员工满意度,企业能够在激烈的市场竞争中保持成本优势和运营效率。

(三)提升仓库空间利用率

自动化存储和检索系统通过智能化的存储和检索,实现了对仓库空间的高效利用。AS/RS 系统利用立体货架和自动化设备,在垂直空间上增加存储容量,优化了仓库布局和空间利用率。传统的平面仓库布局往往受到空间限制,存储容量有限,无法充分利用仓库的垂直空间。AS/RS 系统通过智能化的存储设备和计算机控制系统,能够在有限的空间内实现高密度存储和高效的物资调度。AS/RS 系统可以根据物资的需求频率和存储特性,自动调整物资的存储位置和路径,优化存储策略和取货路径,提高仓库的运营效率。通过这种高效的空间利用和智能化管理,企业能够在有限的仓库面积内实现更大的存储容量和更高的拣选效率。

(四)增强灵活性和适应性

自动化拣选技术具有高度的灵活性和适应性,能够根据订单需求和仓库环境的变化进行快速调整和优化。不同的客户需求和订单特点对拣选系统提出了多样化和个性化的要求，自动化拣选技术通过灵活调整拣选路径和策略，能够满足这些多样化需求。AGV 和机器人拣选系统可以根据订单的优先级和物资的特性，动态调整拣选顺序和路径，确保订单的及时处理和高效配送。此外，自动化拣选技术还能够适应不同的仓库环境和布局，通过模块化设计和灵活配置，实现不同规模和类型仓库的快速部署和扩展。Pick-to-Light 系统可以根据订单需求和货物特点，动态调整拣选指示和操作流程，确保高效准确地拣选操作。通过这种高度的灵活性和适应性，企业能够快速响应市场变化和客户需求，提高整体竞争力和服务水平。

四、自动化拣选技术的应用场景

自动化拣选技术在现代物流和仓储中得到了广泛应用，涵盖多个重要场景，包括电子商务仓库、零售业仓库和制造业仓库。每个应用场景都有其独特的需求和挑战，自动化拣选技术通过提供高效、准确的解决方案，满足了这些不同场景的需求，提高了整体运营效率。

（一）电子商务仓库

在电子商务仓库中，订单量大、品种多、时效性高是其显著特点。消费者对物流时效性的要求越来越高，促使电子商务仓库必须具备快速响应能力。自动化拣选技术通过机器人、传送带和自动化存储系统，实现了高效的订单处理。机器人可以根据订单需求，快速从存储区拣选商品，传送带系统则负责将拣选好的商品输送到包装区进行包装和出库。通过这种自动化流程，电子商务仓库能够显著缩短订单处理时间，提高拣选准确率，减少订单错误率。此外，自动化拣选技术还可以 24 小时不间断工作，满足高峰期的订单处理需求，确保客户能够及时收到商品，提升客户满意度和忠诚度。

（二）零售业仓库

零售业仓库需要处理大量商品的进出库和补货操作。随着商品种类和数量的不断增加，传统人工操作已难以满足高效管理和快速响应的需求。自动化拣选技术在零售业仓库中的应用，通过高效地拣选和分拣，优化了仓库管理和配送流程。自动化存储和检索系统可以在垂直空间上增加存储容量，优化仓库布局，提高空间利用率。机器人和 AGV 则通过智能路径规划，实现快速拣选和搬运，减少了人工劳动强度和错误率。在零售超市的仓库中，自动化拣选系统可以根据补货需求，自动从货架上拣选商品，并运送到配送区进行分拣和配送。这种高效的操作方式不仅提高了仓库的运营效率，还确保了商品的及时补货和配送，减少了库存积压和商品缺货的情况出现。

（三）制造业仓库

制造业仓库需要对生产物料进行精确的管理和配送，以支持高效地生产运营。制造业的生产流程复杂，对物料的需求精准且及时。自动化拣选技术通过智能化的存储和检索，确保生产物料的及时供应。AS/RS 系统可以根据生产计划，自动存取所需物料，并通过 AGV 和传送带系统，将物料运送到生产线。机器人拣选系统能够根据生产需求，精准拣选和搬运物料，提高物料管理的准确性和效率。在汽车制造厂的仓库中，自动化拣选技术可以根据生产计划，自动从存储区拣选出相应的零部件，并运送至装配线，确保生产的连续性和高效性。通过这种智能化的管理和配送，制造业仓库能够显著提升物料管理水平，减少生产停工时间，提高生产效率和产品质量。

五、自动化拣选技术的发展趋势

自动化拣选技术的发展趋势正朝着智能化和自主化、数据驱动和优化、人机协作和柔性生产等方向快速推进。这些趋势不仅反映了技术的进步，也回应了现代物流和仓储管理中日益复杂和多样化的需求。

（一）智能化和自主化

未来的自动化拣选技术将更加智能和自主，依靠人工智能和机器学习技术实现更高水平的自动化和智能化操作。人工智能技术使自动化拣选系统具备自学习、自优化的能力，能够根据不断变化的环境和任务需求，自主调整操作策略。机器学习算法可以通过分析历史拣选数据和当前订单需求，优化拣选路径和顺序，提高拣选效率和准确性。此外，自主导航和避障技术的进步，使得 AGV 和机器人能够更加灵活和安全地在仓库中移动，自主完成复杂的拣选和搬运任务，减少人工干预，提高整体运营效率。

（二）数据驱动和优化

数据驱动和优化是未来自动化拣选技术发展的重要方向。通过大数据和数据分析，自动化拣选系统能够实现更精细化和优化的操作。实时数据监控和分析使得系统能够动态调整拣选策略，以应对订单需求的变化和仓库环境的波动。通过实时分析库存数据和订单信息，系统可以优化库存布局，减少拣选路径，提高物资的可达性和拣选速度。大数据分析还可以帮助识别潜在的效率"瓶颈"和操作问题，提供改进建议，持续提升系统性能和运营效率。数据驱动的决策支持系统使得仓库管理更加透明和可控，进一步提高了物流和仓储的整体效率和服务水平。

（三）人机协作和柔性生产

协作机器人和柔性生产系统将成为未来自动化拣选技术的重要组成部分。协作机器人设计初衷是与工人共同工作，完成复杂的任务，而不是完全取代人工。协作机器人能够在生产线上执行繁重、重复的任务，如零部件的搬运和组装；而人类工人则负责更具创造性和决策性的工作，如质量检查和工艺改进。人机协作模式不仅提高了生产效率，还改善了工作环境和工作条件，减轻了工人的体力负担，降低了工作中的疲劳和受伤风险。

柔性生产系统通过模块化生产单元和智能调度，能够快速适应产品的变化和定制需求，实现多品种、小批量生产。柔性生产系统和协作机器人结合使用，使得自动化拣选系统能够更好地适应多样化和个性化的订单需求，提升物流和仓储的灵活性和响应速度。在电子商务和零售业中，协作机器人可以与工人共同完成复杂的拣选和包装任务，提高订单处理速度和准确性。柔性生产系统则通过智能调度和动态资源分配，优化生产和物流流程，提高整体运营效率和客户满意度。

智能化和自主化使系统更具自主学习和优化能力，数据驱动和优化提升了操作的精细化和效率，人机协作和柔性生产增强了系统的适应性和灵活性。这些趋势不仅提高了自动化拣选系统的效率和可靠性，还推动了整个物流和仓储行业向智能化、数据驱动和高效协作的方向发展。未来，随着技术的不断进步和应用的深入，自动化拣选技术将在更多领域发挥更大的作用，为企业的高效运营和可持续发展提供强有力的支持。

自动化拣选技术在现代物流和仓储管理中具有重要意义。通过各种自动化设备和智能系统，企业可以大幅提升拣选效率和准确性，降低成本，提高仓库空间利用率，增强灵活性和适应性。随着技术的不断发展，自动化拣选技术将继续推动物流行业的创新和进步，为企业的高效运营和竞争力提升提供强有力的支持。

运输与配送自动化

运输与配送自动化是现代物流系统中的关键环节，通过应用先进的自动化技术和智能系统，提高运输和配送环节的效率、准确性和可靠性。这一环节的自动化不仅能够优化资源配置，降低运营成本，还能够增强客户满意度和供应链的整体竞争力。

一、自动化运输系统

自动化运输系统主要包括自动驾驶货车和无人机配送，这些技术在现代物流中都发挥着至关重要的作用。

（一）自动驾驶货车

1. 技术应用

自动驾驶货车的技术应用涉及多个高新技术领域的集成，包括传感器、激光雷达、摄像头和人工智能技术。这些技术的协同作用，使得自动驾驶货车能够实现高度自动化和智能化的运输服务。

（1）传感器

传感器在自动驾驶货车中扮演着至关重要的角色。各种传感器包括超声波传感器、激光雷达（LiDAR）和摄像头，协同工作以提供全面的环境感知能力。超声波传感器用于近距离障碍物检测，通常部署在车辆周围，以确保车辆在低速和停车情况下的安全。激光雷达通过发射激光束并测量反射时间，创建车辆周围环境的高精度三维地图。摄像头则用于识别交通标志、车道线、行人和其他动态交通参与者，提供丰富的视觉信息。

（2）人工智能技术

人工智能技术是自动驾驶货车的"大脑"。通过深度学习和神经网络算法，人工智能能够处理和分析来自传感器的大量数据，识别和预测各种交通情景。深度学习算法通过训练大量的交通数据，可以识别不同类型的障碍物、道路标志和车辆行为。机器学习算法则用于路径规划和决策制定，确保车辆能够在复杂的交通环境中安全行驶。

（3）路径规划

路径规划是自动驾驶货车技术的核心部分之一。路径规划算法结合实时数据，计算出最优行驶路径。这些算法需要考虑多种因素，包括道路条件、交通流量、交通法规和实时障碍物信息。激光雷达和摄像头提供的实时环境数据，可以帮助路径规划系统动态调整行驶路径，确保车辆安全、高效地到达目的地。

（4）GPS与高精地图

此外，自动驾驶货车还依赖高精度地图和全球定位系统（GPS）。高精度地图提供了道路的详细信息，包括车道线、交通标志、路口等，帮助车辆在宏观层面进行导航。GPS则提供实时位置信息，确保车辆在地图上的精确定位。高精度地图和GPS的结合，使得自动驾驶货车能够在长途运输中保持路线稳定和准确地导航。

（5）多传感器融合技术

自动驾驶货车的感知和决策系统通过多传感器融合技术，将来自激光雷达、摄像头和超声波传感器的数据整合在一起，形成一个综合的环境感知模型。这种多传感器融合技术不仅提高了环境感知的准确性，还增强了系统的冗余性和可靠性。在光线不足或天气恶劣的条件下，激光雷达和摄像头会受影响，而超声波传感器可以提供补充信息，确保环境感知的连续性和准确性。

通过对自动驾驶货车技术应用的深入论述得出结论，传感器、激光雷达、摄像头和人工智能技术的集成，使得自动驾驶货车能够在复杂的交通环境中实现高度自动化和智能化的运输服务。通过实时数据处理和动态路径规划，自动驾驶货车不仅提高了运输效率和安全性，还为未来物流和交通运输系统的智能化发展奠定了坚实的基础。

2. 应用场景

自动驾驶货车的应用场景主要集中在长途运输和干线物流，这些场景充分发挥了自动驾驶技术的优势，使其在物流运输中展现出显著的效果。

自动驾驶货车特别适用于长途运输。传统长途运输需要司机长时间驾驶，这不仅增加了司机的疲劳风险，还限制了车辆的连续运行时间。自动驾驶货车能够在高速公路上连续长时间运行，不受司机疲劳和休息需求的限制，实现24小时不间断运输。自动驾驶技术通过先进的传感器和导航系统，能够精确定位和跟踪行驶路径，保持稳定的车速和安全距离，确保车辆在高速公路上的安全运行。长途运输中,自动驾驶货车能够通过实时数据处理和路径优化,选择最优的行驶路线,减少行驶时间和燃油消耗,提高运输效率。自动驾驶货车在长途运输中的应用,不仅提高了货物的运输速度和准时性,还显著降低了运营成本。

在干线物流中,自动驾驶货车同样展现出显著的优势。干线物流是指货物在大型物流中心之间的长距离运输,通常采用固定路线。自动驾驶货车在固定路线中,能够通过精确的路径规划和高效的导航系统,实现最佳的行驶路线,减少能源消耗,提高运输效率。自动驾驶技术使得货车能够在固定路线中保持稳定的速度和运行时间,减少了因交通拥堵和路线不确定性带来的延误。此外,自动驾驶货车在干线物流中的应用,有助于物流企业优化运输网络和调度系统,实现资源的高效配置和利用。通过自动驾驶货车的高效运行,物流企业能够大幅提高干线运输的整体效率,降低运输成本,提高服务水平。

自动驾驶货车的应用不仅限于长途运输和干线物流,还可以扩展到其他运输场景。例如,在港口、机场等需要频繁运输货物的场所,自动驾驶货车能够高效、安全地完成货物的装卸和运输任务,减少人工操作的时间和成本。在大规模仓储和配送中心,自动驾驶货车可以与自动化仓储系统无缝对接,实现货物的自动化运输和分拣,提高仓储和配送的整体效率。

自动驾驶货车在长途运输和干线物流中的应用,充分显示了其在持续运行、路径优化和高效运输方面的优势。通过自动驾驶技术的应用,物流企业能够实现更高效、安全和经济的运输服务,推动物流行业向智能化和自动化方向发展。

(二)无人机配送

1. 技术应用

无人机配送技术通过整合 GPS、传感器和自动导航技术,实现了高效、精确的小件包裹配送,为现代物流带来了显著的变革。

GPS 技术在无人机配送中的应用至关重要。GPS 提供全球定位服务,使无人机能够精准确定其在空间中的位置。通过 GPS,无人机可以获取实时的位置信息,规划最优的飞行路径,确保包裹能够快速、准确地送达客户手中。GPS 技术还支持无人机在飞行过程中进行动态路径调整,以应对突发状况和环境变化,确保配送的可靠性和安全性。

无人机通常配备多种传感器，如光学传感器、超声波传感器、激光雷达等，用于环境感知和避障。光学传感器和摄像头可以捕捉周围环境的图像和视频，帮助无人机识别和避开障碍物。超声波传感器通过发射和接收超声波，检测障碍物的距离和位置，提供实时避障信息。激光雷达通过发射激光束并接收反射信号，生成高精度的三维环境地图，帮助无人机在复杂环境中导航。这些传感器的综合应用，使无人机具备了强大的环境感知能力，能够在各种复杂和动态的环境中自主飞行和避障。

自动导航系统通过融合 GPS 数据和传感器信息，实现无人机的自主飞行和路径规划。无人机在起飞前，系统会根据配送任务和环境数据，自动生成最优的飞行路径。飞行过程中，导航系统通过实时数据处理，动态调整飞行路线，确保无人机始终沿着最优路径飞行。导航系统还具备自主避障功能，能够实时检测并规避飞行中遇到的障碍物，确保飞行的安全性和连续性。无人机的自动导航技术不仅提高了配送效率，还大幅降低了操作人员的工作强度和技术要求，使得无人机配送更加普及和便捷。

无人机配送技术的综合应用，使小件包裹的配送速度和准确性得到了显著提升。无人机能够在城市交通拥堵的情况下，通过空中通道快速抵达目的地，避免了地面交通的限制。特别是在偏远地区和紧急配送场景中，无人机能够发挥其重要作用，快速将医疗用品、紧急物资等关键物品送达客户手中，提高了物流配送的及时性和响应速度。

无人机配送技术通过整合 GPS、传感器和自动导航技术，实现了快速、准确和高效的包裹配送。无人机的自主飞行和避障能力，使其能够在各种复杂环境中安全、高效地完成配送任务。随着技术的不断进步和应用场景的扩大，无人机配送将为现代物流带来更多创新和变革，提高物流行业的整体效率和服务水平。

2. 应用场景

无人机配送技术在不同的应用场景中展现了其独特的优势和广泛的适用性，特别是在紧急配送、偏远地区配送和城市快递等方面。

（1）紧急配送

首先，在紧急配送中，无人机具有显著的优势。紧急医疗物资和重要文件的配送往往需要在极短的时间内完成，以应对突发情况和紧急需求。传统的地面运输方式受到交通状况、道路条件等多种因素的限制，难以迅速响应。

而无人机则能够通过空中通道，以最快的速度将急需物资送达目的地。其次，在突发疾病或意外事故中，无人机可以快速运输急救药品、血液样本和医疗设备，确保在黄金时间内提供必要的医疗支持。最后，在重要文件的紧急配送中，无人机能够确保文件在最短时间内送达，提高了事务处理的效率和及时性。

（2）偏远地区

在交通不便或偏远地区，无人机配送能够确保物资的及时送达，填补传统物流的空白。偏远地区和交通基础设施较差的区域，传统的物流方式往往面临运输时间长、成本高、效率低等问题。无人机则无须依赖地面交通网络，能够直接从仓库或配送中心起飞，迅速飞抵目的地，显著缩短运输时间。在偏远的山区、岛屿或农村地区，无人机可以将必需的生活物资、医疗用品和紧急救援物资及时送达，提高了这些地区的物资供应和生活保障水平。在灾害救援中，无人机也能够在道路受阻的情况下快速到达灾区，提供急需的救援物资和设备，发挥重要的救援作用。

（3）城市小包裹快递

在城市快递中，无人机可以进行小包裹的快速配送，提高整体物流效率。城市中交通拥堵和停车难等问题严重影响了传统快递的配送效率，未来，无人机能够通过空中路径避开交通拥堵，实现小包裹的高效配送。电子商务和快递公司可以利用无人机快速将小型包裹送达客户手中，提高配送速度和客户满意度。无人机可以直接从配送中心起飞，飞抵客户指定的交付点，减少中间环节，提高物流效率。通过无人机与地面配送网络的协同工作，城市快递系统能够实现更高的灵活性和响应速度，满足消费者对快速、准时配送的需求。

无人机配送技术在紧急配送、偏远地区配送和城市快递等应用场景中，展示了其独特的优势和广泛的适用性。通过快速响应、无障碍运输和高效配送，无人机为物流行业带来了显著的效率提升和服务改进，推动了物流模式的创新和进步。随着技术的不断发展和应用的持续推广，无人机配送将在更多领域发挥重要作用，进一步提高物流行业的整体水平和服务质量。

我们可以清晰地了解自动化运输系统中自动驾驶货车和无人机配送的技术应用、优势以及具体的应用场景。这些自动化技术为现代物流提供了高效、可靠的解决方案，大大提高了整体运营效率和客户满意度。

二、自动化配送中心

配送中心的自动化是现代物流系统中至关重要的一环,其目标是通过先进的技术手段,实现高效、精准的物流管理和操作,满足日益增长的订单处理需求和客户期望。

(一)自动化分拣系统

自动化分拣系统(Automated Sorting System)是配送中心自动化的重要组成部分。该系统利用传感器、条码扫描仪和机械手臂,自动识别和分拣包裹。传感器和条码扫描仪能够快速、准确地读取包裹上的条码信息,包括大小、重量和目的地等关键数据。机械手臂则根据这些数据,将包裹快速分类,并传送到相应的配送区域。这一过程大幅提高了分拣效率,显著减少了人工操作中容易出现的错误。自动分拣系统可以连续运行,处理大量订单,适应电商、快递等行业的大规模订单处理需求。在一个大型电商仓库中,自动分拣系统能够在短时间内处理数千个包裹,并确保订单能够按时发货,满足客户的快速配送需求。通过这种高效的分拣方式,配送中心可以大幅缩短订单处理时间,提高整体物流效率。

(二)自动化存储和检索系统

自动化存储和检索系统是另一个关键的自动化技术,广泛应用于配送中心。AS/RS通过计算机控制,实现物资的自动存储和检索。立体货架和自动化存储设备能够在垂直空间上大幅增加存储容量,优化仓库空间利用率。计算机控制系统则负责管理和调度物资的存取操作,确保每件物资能够迅速、准确地存放和提取。AS/RS的引入显著提高了存取效率,减少了人工操作的时间和劳动强度。在一个典型的配送中心,AS/RS可以根据订单需求,自动从货架上取出所需物资,并通过传送带或自动导引车运送到拣选区或包装区。这种高效的存取方式不仅提高了仓库的运营效率,还减少了库存积压,优化了库存管理。

自动化分拣系统和AS/RS的优势在于它们能够与仓库管理系统和企业资源计划系统(ERP)无缝集成,实现数据的实时共享和供应链的整体优化。通过与WMS的集成,自动化系统可以实时获取和更新库存数据、订单信息和配送计划,确保每个操作步骤的准确性和及时性。当一个新的订单生成时,WMS会将订单信息传递给AS/RS,指示系统自动从货架上取出所需物资,并将其送到分拣区。AS/RS 在完成物资存取后，会实时更新库存数据，确保系统能够随时掌握库存情况。通过与 ERP 的集成，企业可以实现从生产、库存到配送的全流程管理，优化资源配置，提高供应链的整体效率和响应速度。

配送中心的自动化体现在先进的分拣系统和存储系统，这两个系统实现了物流操作的高效、精准和智能化管理。自动化分拣系统利用传感器、条码扫描仪和机械手臂，提高分拣效率，减少错误，适应大规模订单处理需求。AS/RS 通过计算机控制，实现物资的自动存储和检索，优化仓库空间利用率，提高存取效率。通过与 WMS 和 ERP 的集成，自动化系统能够实现数据的实时共享和供应链的整体优化，提升物流系统的整体运营效率和客户满意度。未来，随着技术的不断进步，配送中心的自动化水平将进一步提升，为现代物流系统的发展提供更强大的支持。

三、智能调度与路径优化

智能调度与路径优化是现代物流管理中提升效率和降低成本的关键手段。智能调度系统通过大数据分析和人工智能技术，实时优化运输资源的配置和路径规划。智能调度系统能够实时监控车辆位置、交通状况和获取订单需求，根据动态数据调整运输计划，确保货物按时送达。实时监控车辆位置使得调度中心可以全面掌握每辆运输车辆的当前状态，结合实时交通状况信息，智能调度系统可以迅速做出反应，避开拥堵路段，选择最快捷的行驶路线，从而减少运输时间和油耗。

路径优化算法是智能调度系统的重要组成部分。路径优化算法通过计算最优路线，能够显著提高配送效率。现代路径优化算法不仅考虑距离，还包括交通状况、道路限制和时间窗等因素。通过这些算法，物流公司能够规划出最经济高效的配送路线，减少不必要的转弯和停车，降低车辆的空驶率。物流公司 UPS 采用了智能调度和路径优化系统，通过优化车辆行驶路线，显著提高了配送效率，降低了运营成本。UPS 的路径优化系统能够通过复杂的算法计算出最优的配送路线，减少不必要的转弯和停车，使每辆配送车能够在最短的时间内完成更多的配送任务。此外，这种优化还减少了车辆的油耗和碳排放，有助于公司实现环保目标。

智能调度系统还能够根据订单的紧急程度和客户需求，优先安排急需配送的订单，提高客户满意度。通过对订单数据的分析，系统可以识别出哪些订单是紧急的，并优先安排配送，并确保这些订单能够及时送达。这样的安排不仅能够提高客户的满意度，还能够增强客户的信任和忠诚度。在医疗物资的配送中，智能调度系统可以优先处理紧急医疗物资的订单，确保这些重要物资能够尽快送达目的地。此外，智能调度系统还可以根据客户的特殊要求，如特定时间段内的配送需求，灵活调整配送计划，满足客户的个性化需求。

通过大数据分析和人工智能技术，智能调度系统能够实时监控车辆位置、交通状况和获取订单需求，动态调整运输计划，确保货物按时送达。路径优化算法通过计算最优路线，减少运输时间和油耗，显著提高配送效率。物流公司UPS通过采用智能调度和路径优化系统，优化车辆行驶路线，减少了不必要的转弯和停车，提高了配送效率并降低了运营成本。此外，智能调度系统能够根据订单的紧急程度和客户需求，优先安排急需订单的配送，提高客户满意度，增强客户的信任和忠诚度。智能调度与路径优化的发展将进一步推动物流行业的智能化和高效化，为企业的可持续发展提供有力支持。

四、仓储和配送一体化

仓储和配送一体化是现代物流发展的重要趋势，通过将仓储和配送功能整合，实现供应链的高效协同和快速响应。自动化仓储系统与配送系统的无缝衔接，使得订单生成后，整个物流链条能够迅速启动并高效运作。订单生成后，自动化仓储系统立即启动拣选和包装操作，通过高速的自动化分拣系统，物资被迅速分类并准备好配送。这一过程通过智能调度系统的协调，实现了包裹的快速分配，确保包裹能够及时装载到合适的运输工具上，进行高效的配送。

这种一体化模式显著缩短了订单处理时间。传统的仓储和配送往往是分离运作，存在信息传递不及时、操作衔接不紧密的问题。而通过仓储和配送的一体化管理，能够实现信息流、物流和资金流的同步流动，提高订单处理的准确性和及时性。现代自动化仓储系统通过与企业资源计划系统和仓库管理系统的深度集成，实现了从订单接收到拣选、包装、分拣和配送的全流程自动化和智能化。这种全程自动化不仅减少了人工操作环节中容易出现的错误，还提高了每个环节的运作效率和响应速度。

通过将仓储和配送功能整合在一个系统中，可以根据实际需求灵活调整仓储和配送资源的配置，优化物流路径和调度方案。在电商促销期间，订单量激增，通过一体化的物流系统，可以快速增加拣选和包装的产能，优化配送线路，确保大量订单能够在短时间内完成处理和配送。京东的"亚洲一号"

智能物流中心就是这一模式的典型代表。通过大规模自动化设备和智能系统的协同，京东实现了订单从生成到配送的全流程自动化，大幅提升了物流效率和客户满意度。该物流中心采用了先进的自动化存储和检索系统、自动导引车、机器人拣选系统以及智能分拣系统，配合高效的智能调度系统，实现了物流操作的高效、精准和灵活。

仓储和配送一体化不仅优化了物流运作流程，还带来了显著的经济效益和竞争优势。首先，通过减少人工操作和提高操作效率，一体化模式降低了运营成本，提高了经济效益。其次，通过提升订单处理的速度和准确性，显著提高了客户满意度和忠诚度，增强了企业的市场竞争力。再次，通过优化物流路径和调度方案，减少了运输过程中的能耗和碳排放，推动了绿色物流的发展。最后，仓储和配送一体化还增强了企业的供应链韧性和抗风险能力，能够更好地应对市场变化和突发事件。

通过将仓储和配送功能整合在一个系统中，实现全流程的自动化和智能化操作，企业能够显著缩短订单处理时间，提高供应链的整体效率和灵活性。京东的"亚洲一号"智能物流中心就是通过先进的自动化设备和智能系统，实现了订单从生成到配送的全流程自动化，显著提高了物流效率和客户满意度。这一模式不仅优化了物流运作流程，还带来了显著的经济效益和竞争优势，推动了现代物流的发展。

运输与配送自动化是现代物流系统的核心环节，通过自动驾驶技术、无人机配送、智能调度和路径优化等技术的应用，显著提高了物流效率和供应链的整体竞争力。随着技术的不断进步，运输与配送自动化将迎来更加广阔的发展前景，为企业和社会带来更多价值。

第七章　全球视野下的自动化与物流

随着全球化进程的加速，物流行业面临着前所未有的挑战和机遇。自动化技术的广泛应用正在彻底改变传统的物流模式，提高效率、降低成本，并推动全球供应链的整合与优化。在全球视野下，了解国际市场的动态、应对全球供应链自动化的挑战，以及促进国际合作和标准制定，成为推动物流行业持续发展的关键因素。本章将探讨国际市场在自动化物流方面的发展趋势，分析全球供应链自动化过程中面临的主要问题，并探讨各国在推动物流自动化标准化进程中的合作与协调。通过对这些内容的深入探讨，我们希望为读者提供全面的视角，了解自动化技术在全球物流领域中的应用与影响，以及如何通过国际合作应对未来的发展与挑战。

国际市场的动态

随着全球化的深入和科技的快速发展，物流自动化在国际市场上呈现出蓬勃发展的态势。以下是国际市场物流自动化的几大动态。

一、技术创新与应用加速

（一）新技术引领潮流

1. 自动化仓储系统

自动化存储和检索系统（AS/RS）是现代物流自动化仓储的核心技术之一。这种系统主要是利用计算机控制的设备进行物料存储和检索操作，大幅提升了仓库的空间利用率和工作效率。AS/RS 系统可以在垂直空间内进行高密度存储，减少了对地面空间的依赖，适用于各种规模的仓库。通过自动化设备的精确控制，AS/RS能够快速、准确地完成物料的存取操作，避免了人工操作中的误差，提高了订单处理的准确性和及时性。例如，亚马逊的自动化仓库中，AS/RS系统能够在短时间内处理成千上万的订单，确保高效的库存管理和配送服务。

2. 自动导引车

自动导引车（AGV）是一种能够自主导航和移动的智能车辆，广泛应用于物流仓储和生产制造中。AGV通过路径规划和传感器技术，实现了自动化的物料搬运和拣选。AGV系统可以根据仓库布局和订单需求，灵活调整行驶路径，避免障碍物，确保高效、安全的物料运输。AGV不仅能够显著减少人工搬运的劳动强度，还能在24小时内不间断工作，提高了整体物流系统的运作效率。阿里巴巴在其物流中心广泛应用AGV，通过智能调度系统优化AGV的运行路径，提高了物料搬运的速度和准确性，有效应对了电商销售高峰期的大量订单需求。

3. 机器人拣选系统

机器人拣选系统是物流自动化中的关键技术之一，利用工业机器人或协作机器人来完成仓库中的物料拣选和搬运任务。机器人拣选系统通过机械臂和夹具，结合视觉识别和人工智能算法，能够快速识别、抓取和搬运目标物品。机器人拣选系统具有高精度和高效率的特点，适用于各种类型的仓库和物资。与传统人工拣选相比，机器人拣选系统大幅提高了拣选速度和准确性，减少了人为操作中的错误和损失。例如，亚马逊的仓库中就大量采用Kiva机器人，通过自主移动和智能拣选，显著提高了订单处理的效率和准确性，降低了运营成本。

4. 无人机配送

无人机配送是物流自动化领域的一项创新技术，特别适用于"最后一公里"的配送环节。无人机通过GPS、传感器和自动导航技术，实现了包裹的快速、准确配送。无人机能够避开地面交通拥堵，缩短配送时间，尤其在紧急配送和偏远地区的物资运输中优势明显。无人机配送不仅提升了配送速度，还减少了人工配送的成本和劳动强度。亚马逊的Prime Air计划正是利用无人机实现了30分钟内送货上门的目标，大幅提升了客户满意度和配送效率。

（二）物联网和人工智能的融合

1. 物联网（IoT）技术在物流中的应用

物联网技术通过传感器和智能设备的广泛应用，实现了物流过程中的数据实时互联和监控。物联网设备，如 RFID 标签、GPS 定位器和环境传感器，能够实时采集货物的位置信息、温湿度等环境数据。这些数据通过无线网络传输到物流管理系统，实现对货物全生命周期的监控和管理。

在冷链物流中，物联网传感器可以实时监测冷藏车内的温湿度，确保冷链食品在运输过程中的品质和安全。通过物联网技术，物流企业可以实时了解货物的状态，及时发现并处理异常情况，提高运输的可靠性和安全性。

2. 人工智能（AI）技术在物流中的应用

人工智能技术通过数据分析、机器学习和预测算法等手段，优化物流过程中的各项决策和操作。AI 技术能够处理和分析大量的物流数据，从中发现隐藏的规律和趋势，从而提供精准的预测和决策支持。

在运输路径优化方面，AI 技术可以结合实时交通信息、天气情况和历史运输数据，计算出最优运输路径，减少运输时间和成本。UPS 采用的 ORION（On-Road Integrated Optimization and Navigation）系统，通过 AI 算法优化车辆的行驶路线，减少了不必要的转弯和停车，提高了配送效率，降低了燃油消耗和运营成本。

3. IoT 与 AI 的融合：实现智能物流

物联网和人工智能技术的融合，使得物流企业能够更好地实现智能化管理和自动化操作。通过物联网设备采集的数据，AI 系统可以进行实时分析和处理，为物流各环节提供精准的决策支持。这一融合带来的优势体现在多个方面。

物联网传感器能实时监控物流设备和车辆的运行状态，AI 系统分析这些数据，预测设备的故障和维护需求。物流车队的轮胎传感器能监测轮胎的磨损情况，AI 系统分析数据后预测轮胎的更换时间，减少突发故障，提高运输效率。通过实时监控，物流企业可以预先识别和解决潜在问题，避免设备突然故障造成的运营中断。这不仅提高了设备的可靠性和寿命，还大幅降低了维护成本和故障风险。

在智能库存管理方面，物联网设备监控仓库中的库存情况，AI 系统分析库存数据，优化库存补货和存储策略。通过 AI 预测模型，物流企业可以准确预测未来的库存需求，减少库存积压和缺货情况的出现，提高库存周转率。智能库存管理系统能够实时更新库存信息，自动生成补货计划，确保库存充足且不过量。这样一来，企业不仅减少了资金占用，还能更灵活地应对市场需求变化，提高运营效率和客户满意度。

AI 系统分析客户的订单数据和行为模式，优化配送路线和时间安排。物联网设备实时监控配送过程，确保货物按时送达，提高客户满意度。例如，电商平台利用 AI 技术分析客户的购买习惯，优化仓库布局和配送策略，提供更快、更准时的配送服务。通过精确的需求预测和个性化的配送服务，企业不仅提高了配送效率，还增强了客户忠诚度和品牌竞争力。

供应链协同优化是物联网和 AI 技术在物流管理中的高级应用。物联网技术实现供应链各环节的数据互联，AI 系统分析整个供应链的数据，优化供应链的运作效率。例如，制造商、物流供应商和零售商通过物联网平台共享库存和订单数据，AI 系统分析数据后优化生产计划和物流调度，减少供应链的整体成本，提高供应链的响应能力。通过实时的数据共享和智能分析，供应链各环节实现了高度协同和无缝对接，大幅提升了整体运营效率和市场竞争力。

物联网和人工智能技术的融合为物流企业带来了全方位的优化，从实时监控和预测维护，到智能库存管理、个性化配送服务和供应链协同优化。通过这些技术的应用，物流企业能够实现更高效、更精准的管理和运营，提升客户满意度和市场竞争力，为未来的智能化物流发展奠定坚实基础。

二、区域市场的快速发展

（一）亚洲市场的崛起

中国、日本和韩国等亚洲国家在物流自动化方面取得了显著进展。中国的京东、阿里巴巴等电商巨头通过大规模的自动化仓储中心和智能物流系统，大幅提高了物流效率和服务质量。日本的物流企业在机器人和自动导引车方面也取得了显著成果，推动了物流自动化的深入发展。

（二）北美和欧洲市场的创新

北美和欧洲市场在物流自动化技术的创新和应用上处于领先地位。美国的亚马逊和 UPS 等企业在自动化仓储和配送技术方面持续投入，欧洲的物流企业则在智能调度和路径优化方面表现出色，通过先进的技术手段提高了物流效率和服务水平。

三、全球供应链的优化与整合

全球供应链的优化与整合是现代物流发展的关键方向，主要体现在跨国合作与协同以及标准化与规范化两个方面。

跨国合作与协同在全球物流市场中日益重要。物流企业通过跨国合作，实现了全球供应链的优化与整合，从而提高整体物流效率。例如，国际快递巨头 DHL 在全球范围内布局自动化仓储和配送中心，利用先进的物流技术和信息系统，实现了跨国物流的高效协同。DHL 在世界各地都建立了智能物流枢纽，这些枢纽配备了自动化存储和检索系统、机器人拣选系统以及先进的运输管理系统，通过实时数据共享和智能调度，确保各个环节无缝衔接。这种全球化布局和高效协同，使得 DHL 能够快速响应客户需求，优化物流路径，减少运输时间和成本，提升客户满意度。

跨国合作不仅局限于物流企业之间，还包括与制造商、零售商和技术供应商之间的合作。通过整合各方资源和优势，全球供应链实现了更高效的运作。例如，制造商与物流企业合作，共同优化生产计划和物流调度，确保生产与配送无缝对接，减少库存积压和生产停滞。零售商与物流企业合作，利用实时库存数据和客户订单信息，优化库存管理和配送策略，提高物流效率和客户满意度。技术供应商通过提供先进的物流技术和解决方案，支持物流企业实现自动化和智能化运作，推动全球供应链的不断优化。

标准化与规范化是推动国际市场物流自动化发展的重要力量。各国和地区通过制定和推广物流自动化标准，促进了技术的互联互通和兼容性，提高了物流系统的可靠性和效率。国际标准组织（ISO）在物流自动化标准制定方面发挥了关键作用，为全球物流行业的发展提供了规范和指导。ISO 制定的物流自动化标准涵盖物流设备、信息系统、操作流程等各个方面，确保不同国家和地区的物流系统能够无缝对接和高效协作。通过统一的标准，物流企业可以更加便捷地采用新技术和设备，提高物流系统的整体性能和效率。例如，标准化的自动化存储和检索系统、自动导引车和机器人拣选系统，这使得物流企业能够快速部署和集成这些先进技术，实现仓储和配送的自动化运作。此外，标准化的信息系统和数据接口，也促进了物流数据的实时共享和协同优化，提高了供应链的透明度和响应速度。通过制定严格的安全标准和操作规范，确保物流设备和系统在运行中的安全可靠，减少事故和故障的发生。可持续发展的标准和规范，推动物流企业采用绿色技术和环保措施，以减少能源消耗和碳排放，实现可持续发展的目标。例如，绿色物流标准鼓励物流企业使用电动物流车和可再生能源，提高物流运作的环境友好性和可持续性。

全球供应链的优化与整合通过跨国合作与协同以及标准化与规范化，推动了全球物流市场的高效运作和持续发展。跨国合作促进了资源整合和优势互补，提高了物流效率和客户满意度。标准化与规范化确保了物流系统的互联互通和高效协作，推动了物流技术的创新和应用。未来，随着技术的不断进步和合作的深入，全球供应链将进一步优化和整合，为全球经济的繁荣发展提供有力支持。

四、政策支持与投资激励

政策支持与投资激励在物流自动化发展中发挥了重要作用，推动了技术的应用和行业的快速发展。各国政府通过一系列政策和激励措施，积极支持物流自动化的推进。中国政府通过"智能制造2025"计划和"一带一路"倡议，大力推动物流企业加快自动化技术的应用。"智能制造2025"计划旨在提升中国制造业的整体水平，其中包括推动物流自动化技术的应用，提升供应链效率和物流管理水平。通过政策支持和财政激励，政府鼓励物流企业引进先进的自动化设备和系统，进行技术改造和升级。同时，"一带一路"倡议为中国物流企业开辟了新的市场和合作机会，促进了国际物流网络的建设和跨国物流合作的深化。

在国际市场，大量风险投资和私募股权基金进入物流自动化领域，支持初创企业和创新项目的发展。例如，自动化仓储和机器人技术公司获得了大量的资本支持，推动了技术的快速迭代和应用。这些投资不仅为企业提供了资金支持，还带来了丰富的市场资源和管理经验，助力企业在激烈的市场竞争中脱颖而出。通过并购和合作，物流自动化企业能够整合资源，实现优势互补，提高整体竞争力。例如，物流自动化技术公司与传统物流企业的合作，推动了技术与市场的深度融合，提高了物流系统的整体效能和服务水平。此外，资本市场的参与还为企业提供了更广阔的发展平台，通过上市和融资，企业能够获得更多的资金支持和市场认可，加速全球布局和业务扩展。

政策支持与投资激励通过政府政策和资本市场的双重推动，为物流自动化的发展提供了强有力的支持。各国政府通过政策和激励措施，促进物流企业加快技术应用和升级,提升物流管理水平和供应链效率。资本市场通过资金支持和资源整合,推动企业技术创新和市场扩展,加速物流自动化技术的普及和应用。未来,随着政策的支持和市场的进一步扩大,物流自动化将继续快速发展,为全球物流行业的进步和创新提供强大动力。

国际市场物流自动化在技术创新、区域市场发展、全球供应链优化和政策支持等方面呈现出快速发展的势态。通过自动化技术的广泛应用和跨国合作,物流行业在全球范围内实现了效率提升和服务优化,为企业的高效运营和客户满意度的提升提供了坚实的保障。

全球供应链的自动化挑战

全球供应链的自动化在提升效率和降低成本的同时,也面临着诸多问题。这些问题涵盖技术、管理、标准化和政策等多个方面,制约了自动化技术在全球供应链中的全面应用和推广。

一、技术问题

全球供应链自动化的技术问题主要体现在技术水平差异、基础设施不足、资金投入高和技术快速迭代等方面。

不同国家和地区在技术水平上的差异显著影响了全球供应链自动化的推进。发达国家通常具备先进的技术水平和完善的基础设施,能够快速引入和应用最新的自动化设备和系统。然而,发展中国家在技术和基础设施方面相对落后,面临电力供应不足、网络覆盖率低和基础交通设施不完善等问题。这些不足使得自动化设备的部署和运作难度加大,限制了自动化技术的普及和应用。这种技术差距不仅制约了单个国家或地区的物流效率,还影响了全球供应链的整体运作效率。

自动化技术的应用需要大量的资本投入,成为中小企业和物流公司面临的一大问题。自动化设备和系统的购置、安装和维护费用高昂,加之技术培训和操作人员的费用,使得企业在引入自动化技术时面临巨大的经济压力。对于资金实力较弱的中小企业和物流公司来说,高额的自动化改造成本让他们难以承受,导致其在竞争中处于不利地位。资金短缺不仅影响了企业的运营效率,还制约了行业整体的自动化进程。为了应对这一问题,政府和金融机构需要提供更多的资金支持和融资渠道，帮助企业顺利实现自动化改造。

技术的快速迭代和更新也给企业带来了巨大的适应压力。随着自动化技术的不断进步，新技术和新设备层出不穷，企业需要不断更新和升级其现有的自动化系统，以保持竞争力。这不仅需要企业具备较强的技术储备和适应能力，还需要企业在技术研发和人员培训方面持续进行投入。对于许多企业来说，保持技术的前沿性和适应市场变化是一项复杂而艰巨的任务，需要长期的战略规划和资源投入。此外，企业在引入新技术时，还需考虑与现有系统的兼容性和集成性，以避免造成系统孤岛现象和资源浪费。

面对这些技术问题，企业、政府和社会各界需要共同努力，推动全球供应链自动化的可持续发展。企业应加强技术研发和创新，提高自身的技术水平和适应能力；政府应提供政策支持和资金投入，帮助企业解决资金短缺和基础设施不足的问题；国际社会应加强技术合作和交流，缩小各国间的技术差距，共同推动自动化技术的普及和应用。通过多方协作，全球供应链自动化的技术问题将得到有效解决，为全球经济的发展和供应链的高效运作提供坚实的技术保障。

二、管理问题

全球供应链自动化过程中的管理问题主要体现在专业技术人才短缺、技能水平参差不齐、员工培训需求和管理层的战略协调能力等方面。

全球范围内专业技术人才的短缺和技能水平的参差不齐是制约自动化系统推广的重要因素之一。自动化系统的实施和运营需要具备高度专业化的管理团队和技术人员的参与，然而，许多国家和地区在这方面的专业人才储备不足。尤其是在发展中国家和新兴市场，受限于教育水平和技术培训的不足，专业技术人员的数量和质量难以满足市场需求。即使在发达国家，高素质技术人才的争夺也异常激烈，企业常常面临招募和保留技术人才的挑战。为了应对这一问题，各国政府和企业需要加大教育和培训的投入，培养更多具备自动化技术能力的专业人才。

企业在引入自动化技术时，全面的管理和操作培训至关重要。自动化设备和系统的复杂性决定了员工必须具备相应的知识和技能，才能确保系统的高效运行和维护。培训不仅包括技术操作和设备维护，还涉及安全操作规范和故障应急处理等方面。通过系统的培训，企业可以提高员工的技能水平，减少操作失误和设备故障，确保自动化系统的稳定运行。然而，培训成本和时间投入对于许多企业，尤其是中小企业来说是一个不小的负担。为此，企业应探索多种培训方式，如与教育机构合作、开展线上培训和实地操作培训等，以降低培训成本，增强培训效果。

自动化技术的引入不仅是技术层面的变革，更涉及企业管理模式和业务流程的深刻变化。管理层需要具备全面的战略眼光，能够协调各个环节的资源配置和流程优化，实现供应链的整体效率提升。这包括制定明确的自动化战略目标，评估和选择适合的自动化技术，规划系统的实施步骤和时间表，以及在运营过程中不断优化和调整策略。管理层还需重视跨部门的协调与沟通，以确保各部门在自动化系统的实施过程中协同工作，充分发挥自动化技术的优势。

自动化系统的引入往往伴随着组织结构和工作流程的调整，员工会面临角色和职责的变化。管理层需通过有效的变革管理策略，帮助员工适应新的工作环境，减少变革过程中的抵触和焦虑。透明的沟通、员工的参与和支持、适当的激励机制等都是成功变革管理的重要手段。通过科学的管理和有效的变革领导，企业可以确保自动化系统的平稳实施和长期成功。

企业应加大培训投入，培养内部专业技术人才，加强与外部教育机构和培训机构的合作。政府应制定政策，支持职业教育和技能培训，提高劳动力的整体技能水平。教育机构则应根据市场需求，调整课程设置，培养更多具备自动化技术能力的毕业生。通过多方协作和共同努力，全球供应链自动化的管理问题将得到有效解决，为供应链的高效运作和可持续发展提供坚实的管理保障。

三、政策法规差异化

政策法规的差异化对全球供应链自动化构成了重大挑战。各国在物流和自动化领域的政策和法规存在显著差异，这种差异不仅影响了自动化技术的跨国应用和推广，也增加了企业在全球市场中运营的复杂性和成本。

无人机配送和自动驾驶货车的法律法规在不同国家和地区存在较大差异，限制了这些技术在全球的应用。例如，美国的联邦航空管理局（FAA）对无人机飞行有严格的监管规定，要求无人机操作员获得特殊的飞行许可，并遵守特定的飞行规则和空域限制。而在欧洲，各国对无人机的监管政策各不相同，一些国家允许无人机在特定条件下进行商业配送，另一些国家则对无人机的使用设置了更严格的限制。同时，自动驾驶货车的法律法规也因国家和地区而异。在一些国家，自动驾驶技术已经进入测试和试运营阶段，并获得了初步的法律认可和支持；而在另一些国家，法律法规尚未对自动驾驶技术做出明确规定，从而限制了其发展和应用。这些政策法规的差异增加了企业在不同市场间推广和应用新技术的难度，阻碍了自动化技术的全球化进程。

政策法规的差异增加了跨国企业的运营成本和合规负担。企业在进入不同市场时，必须了解并遵守当地的法律法规，并进行相应的调整和适应。例如，一家物流公司如果计划在全球范围内部署无人机配送服务，需要分别了解并遵守各个国家和地区的飞行法规，并根据不同的法规要求调整其运营策略和技术配置。这不仅增加了企业的合规成本，也延长了新技术的部署周期，降低了运营效率。此外，不同国家对自动化设备和系统的安全标准和认证要求也存在差异，企业在不同市场间推广产品时，需要进行多次认证和测试，这进一步增加了成本和复杂性。

为应对政策法规差异带来的挑战，各国政府在制定政策和法规时，需要充分考虑全球化背景下的协调与合作。各国政府应加强在物流和自动化技术领域的国际合作，共同制定统一的标准和规范。例如，国际航空组织（ICAO）和国际标准组织等国际机构可以发挥重要作用，推动无人机和自动驾驶货车等技术的全球标准化和规范化。通过制定统一的技术标准和操作规程，减少各国法规间的差异，促进自动化技术的跨国应用和推广。

各国政府应出台相应的激励措施，鼓励企业在自动化技术方面进行投资和创新。通过税收减免、财政补贴、研发资助等方式，支持企业开展自动化技术的研发和应用，推动物流行业的数字化和智能化转型。

各国政府应加强政策法规的透明度和协调性，减少不必要的监管障碍，为自动化技术的应用提供良好的政策环境。通过建立有效的政策协调机制，及时沟通和解决政策法规实施过程中的问题，确保政策法规的科学性和可操作性。例如，政府可以通过定期召开政策协调会议，听取企业和行业协会的意见和建议，及时调整和完善政策法规，提高政策的执行效果和行业的满意度。

政策法规的差异化为全球供应链自动化带来了重大挑战。通过加强国际合作和协调，制定统一的标准和规范，出台相应的激励措施，推动政策法规的透明度和协调性，政府可以有效应对这一挑战，促进自动化技术的跨国应用和推广，推动全球供应链的数字化和智能化转型。

四、数据安全和隐私问题

数据安全和隐私问题在全球供应链自动化过程中至关重要，必须得到充分重视和有效应对。随着自动化系统在物流和供应链管理中的广泛应用，数据的生成、传输和存储量大幅增加，这些数据不仅包含企业的运营信息，还涉及客户的个人隐私信息。一旦数据泄漏或被不法分子利用，将对企业和客户造成严重损害，甚至影响供应链的正常运作和企业的声誉。因此，确保数据安全和隐私保护成为供应链自动化中不可或缺的一环。

企业在推进自动化系统时，必须高度重视数据安全和隐私保护，采取严格的安全措施。自动化系统应在设计和实施阶段就嵌入安全考虑，包括数据加密、访问控制和日志审计等技术手段。数据加密技术可以在数据传输和存储过程中对敏感信息进行加密处理，确保即使数据被截获，也无法被解读和利用。访问控制机制应通过设定权限，限制数据的访问和操作，确保只有授权人员才能接触到敏感信息。日志审计功能记录数据访问和操作行为，提供审计追踪和事后分析，帮助发现和应对潜在的安全威胁。还需要建立完善的数据管理和安全策略，定期进行风险评估和安全检测。数据管理策略包括数据分类、存储、备份和销毁等环节，确保数据在整个生命周期中的安全性和可控性。定期的风险评估可以帮助企业识别潜在的安全漏洞和风险点，并采取相应的防范措施。安全检测通过模拟攻击和渗透测试，验证系统的安全防护能力，及时发现和修复安全漏洞，防止数据泄漏和非法访问。

各国政府和国际组织需要制定和完善相关法律法规，建立全球范围内的数据安全标准和监管体系。随着跨国供应链和物流网络的日益复杂和紧密，单一国家的法律法规已经无法全面应对数据安全和隐私保护的问题。国际标准组织等机构可以发挥重要作用，制定统一的数据安全标准和操作规范，促进全球范围内的数据安全合作和互信。例如，ISO/IEC 27001 标准是信息安全管理系统（ISMS）国际标准，涵盖信息安全管理的各个方面，为企业提供了全面的数据安全管理框架。

在此基础上，各国政府应加强立法和执法力度，确保数据安全和隐私保护法律法规的有效实施。政府可以通过设立专门的监管机构，负责监督和管理数据安全问题，定期发布指导性文件和报告，提供法律和技术支持。通过制定严格的数据保护法律，如《通用数据保护条例》（GDPR）等，明确企业在数据收集、处理和存储过程中的责任和义务，保护客户的隐私权和合法权益。GDPR是欧盟颁布的一部重要数据保护法规，对在欧盟境内运营或处理欧盟公民数据的企业提出了严格的要求，包括数据透明度、用户同意、数据删除权等，有效提高了数据保护水平。各国应加强信息交流和合作，建立跨国数据共享和保护机制，共同应对跨境数据流动中的安全挑战。通过签署双边或多边协议，建立国际数据保护框架，促进各国在数据安全和隐私保护方面的合作，确保全球供应链的安全运行。例如，跨大西洋数据隐私盾（Privacy Shield）协议是欧盟与美国之间的一项数据保护框架，旨在确保跨大西洋数据传输过程中的隐私安全。

企业需要提高员工的安全意识和技能，开展定期的安全培训和演练。数据安全不仅依赖技术措施，还需要全员的参与和支持。通过培训员工了解数据安全的重要性和基本操作规范，提高他们的安全意识和应对能力，可以有效减少人为因素导致的数据泄漏和安全事故。同时，定期的安全演练还可以帮助员工熟悉应急处理流程，提升企业在应对数据安全事件时的反应速度和处理能力。

数据安全和隐私问题是全球供应链自动化必须面对的重要挑战。企业需要采取严格的安全措施，建立完善的数据管理和安全策略；政府和国际组织应制定和完善相关法律法规，建立全球范围内的数据安全标准和监管体系；国际合作与协调对于解决数据安全和隐私问题同样至关重要。通过多方共同努力，才能有效保障供应链自动化过程中的数据安全和隐私保护，推动全球供应链的高效、安全运行。

全球供应链的自动化面临着技术、管理、标准化、政策和数据安全等多方面的问题。尽管这些问题给自动化技术的应用带来了困难，但通过国际合作和政策支持，可以有效推动全球供应链的自动化进程。政府、企业和国际组织需要共同努力，解决自动化过程中存在的问题，促进技术的创新和应用，实现供应链的高效运作和可持续发展。

国际合作与标准制定

在全球化背景下，物流和供应链的自动化发展不仅依赖单个国家或企业的努力，还需要国际间的合作与标准的制定。这种合作与标准化工作有助于促进技术的互联互通、兼容性和全球供应链的整体优化。

一、国际合作的重要性

国际合作是全球供应链自动化的重要推动力。物流和供应链管理跨越国界，涉及多个国家和地区的协作。因此，跨国合作能够实现资源共享、信息互通和技术协同，提升全球物流网络的效率和响应能力。国际快递巨头如DHL、FedEx 和 UPS 在全球范围内布局自动化仓储和配送中心，通过先进的物流技术和信息系统，实现跨国物流的高效协同。这些企业通过合作，优化全球供应链网络，提高了整体物流效率，降低了运营成本。

二、标准化的推动作用

（一）实现技术互联互通和兼容性

不同国家和地区的物流自动化标准和规范各异，导致自动化设备和系统在跨国应用中存在兼容性问题。一个在欧洲开发并使用的自动导引车系统无法与亚洲的自动化仓储系统无缝对接，因两者的通信协议和数据接口标准存在差异。这种技术不兼容性不仅增加了系统集成的复杂性，还影响了整体物流效能。

标准化通过制定统一的技术规范，能确保不同设备和系统之间的互联互通和兼容性，从而提高跨国物流系统的整体效能。通过标准化，物流企业可以确保其在全球范围内使用的各种自动化设备能够无缝对接，形成一个高度协同的物流操作系统。统一的通信协议和数据接口标准可以使得来自不同制造商的设备在同一系统内协同工作，避免数据传输和操作上的障碍。

具体来说，标准化的通信协议可以确保数据在不同系统之间的可靠传输。统一的无线通信标准可以确保 AGV 在全球范围内的物流中心无缝运行，无须为不同地区调整通信设置。同样，标准化的数据接口可以使物流管理软件无缝集成各种自动化设备，提供实时的运营数据，支持智能调度和路径优化。

通过这些标准化措施，物流操作的协同效率得到了显著提高。不同设备和系统之间的无缝对接减少了数据传输和操作中的"瓶颈"，提高了整体物流系统的响应速度和操作精度。这不仅提高了物流企业的运营效率，还增强了供应链的弹性和应对市场变化的能力。总之标准化使全球供应链能够更高效地运作。

（二）国际标准组织的作用

国际标准组织在推动物流自动化标准化方面发挥了重要作用。通过制定全球认可的标准，ISO 致力于促进技术的统一和规范。这一过程不仅为企业提供了技术参考和操作指南，还大大提升了自动化设备和系统在全球范围内的兼容性和可靠性。

ISO 制定的物流自动化标准涵盖多方面的技术，包括自动化仓储系统、自动导引车、机器人拣选系统和无人机配送等。具体而言，ISO 标准对这些技术的设计、安装、操作和维护进行了详细的规定。ISO 标准对 AS/RS 系统的结构、操作流程、数据接口和安全措施进行了规范，确保不同制造商生产的设备能够互相兼容，在全球范围内无缝集成。同样，对于 AGV 和机器人拣选系统，ISO 标准规定了通信协议、路径规划算法和安全防护措施，确保这些设备在复杂的物流环境中高效运行。

这些标准为物流企业提供了操作指南和技术规范，使得企业在选择、部署和运行自动化设备时有据可依。通过遵循 ISO 标准，物流企业可以确保所使用的设备和系统在实际应用中的兼容性和可靠性，避免因设备不兼容或技术不规范带来的问题。物流企业在采购自动化设备时，可以依据 ISO 标准进行评估和选择，确保所购设备符合全球认可的技术规范，从而在跨国运营中无缝对接其他系统。

ISO 标准的推广和实施促进了全球物流行业的技术进步和创新。通过统一标准，技术创新和改进可以在全球范围内迅速推广和应用，加速了物流自动化技术的发展。随着 ISO 标准的逐步完善，越来越多的新技术和新设备被纳入标准范畴，推动了整个行业的技术进步和效率提升。通过这些努力，ISO 在提高全球供应链的整体效率和可靠性方面发挥了关键作用。标准化使物流自动化技术在全球范围内得以广泛应用和推广，为物流行业的现代化和全球化发展提供了强有力的支撑。

（三）提升物流系统的可靠性和效率

通过统一的标准，物流企业可以减少设备之间的兼容性问题和系统集成的复杂性。不同制造商生产的自动化设备，如果遵循相同的标准，就能够实现无缝对接和互操作，这不仅降低了系统集成的难度，还减少了因设备不兼容导致的故障和停机时间。采用统一通信协议和数据接口标准的自动导引车（AGV）和机器人拣选系统，可以在同一物流中心内高效协作，确保物流作业的顺畅进行。

标准化设备和系统能够更快速地部署和运行，减少了调试和维护时间。

由于标准化设备具有统一的操作界面和维护规范,技术人员可以更容易地进行设备调试和故障排除,显著缩短了系统上线时间。此外,标准化设备的维护和更换也更加简便,因为各个设备模块之间具有良好的互换性,可以迅速替换故障部件,确保系统的连续运行。

机器人拣选系统按照标准化的操作流程和数据接口进行设计,能够快速适应不同仓库环境的需求,减少了定制化开发和调试的时间。AGV系统通过标准化路径规划和导航算法,能够在不同的物流中心内迅速部署,从而实现高效、准确的物资搬运。这种快速部署能力,使物流企业能够灵活应对市场需求的变化,提升了整体供应链的响应速度和灵活性。

通过遵循统一标准,物流企业可以更加方便地引入新技术和新设备,实现系统的逐步升级。在引入新的传感器或人工智能算法时,标准化的接口和协议能够确保新技术与现有系统的无缝集成,避免了大规模的系统重构和调整,节省了时间和成本。

标准化设备和系统的快速部署以及高效运行,使得物流企业能够更好地满足客户需求,提供高质量的物流服务。在全球市场竞争中,拥有标准化物流系统的企业能够更快响应市场变化,更灵活地调整运营策略,实现可持续发展和长期竞争优势。

(四)促进全球供应链的优化

通过统一的技术标准,各国和地区的物流系统能够实现更高效的协同运作。国际物流涉及跨国运输和多环节操作,不同国家和地区之间物流系统的标准化程度直接影响供应链的整体效率。通过采用统一的技术标准,物流企业可以确保不同地区和国家的设备和系统无缝对接,减少因标准差异导致的操作"瓶颈"和协调困难,从而提高全球供应链的运作效率。采用国际标准化组织制定的物流自动化标准,物流企业能够在全球范围内实现统一的设备操作和管理流程,确保各环节的高效协同。

国际标准化使得跨国物流企业能够采用一致的技术标准和操作流程,优化供应链各环节的效率和成本。标准化的自动化设备和系统能够在不同国家和地区的物流中心快速部署和运行,减少了本地化改造和适配的时间和成本。标准化的操作流程和数据接口确保了跨国运输和物流环节的顺畅衔接,提高了物流作业的可靠性和效率。标准化的自动化仓储系统和自动导引车可以在全球各地的物流中心统一使用,使得物流企业能够高效地管理和调度全球范围内的货物运输和仓储，优化整体供应链的运作。

国际快递巨头 DHL 通过采用 ISO 标准的自动化设备和系统，实现了全球范围内的高效协同和运营优化。DHL 在全球多个物流中心部署了标准化的自动化仓储和分拣系统，通过统一的操作流程和技术规范，实现了跨国物流作业的无缝衔接。标准化设备的应用不仅提高了 DHL 各物流中心的操作效率，还降低了设备维护和运营成本。通过采用统一的技术标准，DHL 能够更好地应对国际市场的需求变化，提供高质量的物流服务，增强了其在全球市场的竞争力。

通过统一的数据接口和通信协议，物流企业能够实现跨国物流数据的实时共享和协同分析，提高供应链的可视性和响应能力。标准化的数据格式和通信协议确保了各环节数据的准确传输和处理，减少了信息不对称和数据延迟。全球范围内的物流企业通过采用统一的物联网标准，可以实时监控货物的状态和位置，优化运输路径和库存管理，提高供应链的整体效率和可靠性。

通过标准化，各国和地区的物流系统能够实现更高效的协同运作，推动全球供应链的优化。标准化不仅提高了物流系统的效率和可靠性，还降低了运营成本，增强了国际物流企业的竞争力。国际标准化组织在物流自动化标准制定方面的工作，为全球物流行业的发展提供了重要的技术支持和规范指导。未来，随着标准化的进一步推进，全球供应链的协同运作将变得更加高效和可靠，进一步推动物流行业的持续发展和创新。

（五）推动技术创新和发展

标准化在推动技术创新和发展方面具有重要作用，通过明确的标准和规范，为企业提供了统一的研发和应用框架，减少了研发中的不确定性和重复性工作。企业在标准化的框架内进行技术研发，可以更好地确保新技术及设备的兼容性和互操作性，从而加快技术创新的进程。标准化的技术要求和操作规范为研发提供了明确的方向，使得企业能够集中资源和精力进行创新，而不必担心兼容性问题。在自动化仓储系统和自动导引车领域，标准化的技术规范使得这些设备能够在全球范围内无缝集成，推动了物流自动化技术的快速发展。

通过制定统一的标准，新技术能够更快速地进入市场并被广泛采用。标准化消除了不同国家和地区之间的技术壁垒，使得新技术在全球范围内的部署变得更加便捷和高效。机器人拣选系统和无人机配送等新兴技术，通过采用国际标准，确保了其在不同国家和地区的兼容性和可操作性。这不仅降低了企业在不同市场推广新技术的难度和成本，还加速了新技术的商业化进程和市场普及。

无人机配送作为一种新兴的物流技术，通过采用国际标准，确保了无人机在不同国家和地区的安全性和可操作性。标准化的通信协议和导航系统使得无人机能够在全球范围内实现统一操作和管理，推动了无人机配送技术的快速部署和普及应用。亚马逊的 Prime Air 计划通过采用标准化的无人机技术，实现了 30 分钟内送货上门的目标，显著提升了配送效率和客户满意度。这不仅为物流行业带来了新的发展机遇，也推动了整个行业向智能化和自动化方向的转型。

通过统一的标准，企业和研究机构能够更便捷地进行技术合作和知识共享，推动全球范围内的技术进步和创新。标准化的技术交流平台使得企业能够及时获取最新的技术信息和发展动态，避免重复研发和资源浪费。在自动化仓储和智能物流领域，通过国际标准组织制定的标准，全球企业能够共享技术成果和最佳实践经验，促进了技术的协同创新和集成应用。

通过明确的标准和规范，为企业提供了统一的研发和应用框架，加速了技术创新进程。标准化还促进了新技术的推广和应用，使得新兴技术能够快速进入市场并被广泛采用。无人机配送技术的标准化应用就是一个典型例子，展示了标准化在推动物流技术创新和行业转型中的重要作用。未来，随着标准化的进一步推进，物流行业将迎来更多的技术创新和发展机遇，为全球供应链的优化和高效运作提供坚实的技术支持。

三、国际标准的制定与推广

（一）国际标准的制定与推广是确保全球物流自动化系统无缝对接和高效运作的关键

ISO 等国际标准组织在这一过程中扮演了核心角色，通过召集专家委员会、举办国际会议和研讨会，制定了广泛认可的物流自动化标准。这些标准涵盖了技术规范、操作规程、安全要求和性能评估等方面，确保了全球物流系统的兼容性和协同效率。例如，ISO 3691 系列标准详细规范了工业车辆的安全要求和操作规程，保证了自动导引车和其他工业车辆在不同国家和地区的安全使用。ISO 21247 标准则涵盖了仓储管理系统的设计和操作要求，确保仓储自动化设备的高效和可靠运作。

（二）全球范围内的标准化需要各国和地区的紧密合作与协调

不同国家在物流自动化标准的制定上有各自的法律法规和技术规范，这导致标准的重复和冲突。例如，欧盟和美国在无人机配送和自动驾驶货车的法律法规方面存在显著差异，限制了这些技术的全球应用。通过加强国际合作，各国可以共同制定统一的标准和规范，减少技术障碍和法律风险。统一的标准不仅有助于技术的推广和应用，还能促进全球物流系统的整体优化，提升供应链的效率和可靠性。

（三）国际标准的制定过程通常涉及广泛的利益相关者

这些利益相关者包括政府部门、行业协会、企业和学术机构等。各方通过参与标准制定，能够在技术细节和操作规程上达成共识，确保标准的实用性和可操作性。例如，在无人机配送标准的制定中，应由航空管理部门、无人机制造商、物流公司和技术专家共同参与，制定出既符合安全要求又具有操作性和经济性的标准。此外，国际标准的推广还需要各国在法律和政策层面的支持。政府通过立法和政策引导，鼓励企业采用国际标准，才能推动技术的普及和应用。

（四）国际合作和标准化不仅能够推动技术创新，还能增强企业的国际竞争力

通过采用国际标准，企业能够确保其产品和服务在全球市场的兼容性和一致性，减少进入新市场的技术障碍和法律风险。例如，全球物流巨头 DHL 通过采用 ISO 标准的自动化设备和系统，实现了全球范围内的高效协同和运营优化。标准化设备和系统在不同物流中心之间的无缝对接，使得 DHL 能够快速响应市场需求，提高物流效率和服务质量。

（五）标准化的制定和推广是实现全球物流自动化的重要基础

通过国际标准组织的努力，各国和地区可以制定统一的技术规范和操作规程，确保物流系统的兼容性和高效运作。国际合作和协调在这一过程中显得尤为重要，这有助于消除技术障碍和法律风险，推动自动化技术的全球应用和普及。政府、企业和行业组织的共同参与和支持，将进一步推动全球供应链的优化和提升，为全球物流行业的发展提供坚实的基础。

国际合作与标准制定是推动全球供应链自动化发展的关键因素。通过跨国合作、标准化推广、政策支持、技术交流和数据安全保护，各国和地区可以实现物流自动化技术的互联互通和兼容性，提高全球供应链的整体效率和可靠性。未来，随着国际合作的深入和标准化工作的推进，全球供应链自动化将迎来更加广阔的发展前景，为全球经济的高效运作和可持续发展提供强有力的支持。

第八章 创新技术与未来趋势

随着技术的不断进步和全球化的发展,物流行业正经历着前所未有的变革。创新技术的应用不仅提高了物流系统的效率和准确性,还推动了整个行业向智能化、自动化和可持续发展的方向迈进。本章将深入探讨几项关键的创新技术及其对未来物流趋势的影响。我们还将探讨人工智能在自动化中的应用,分析其如何通过数据分析、机器学习和智能算法,提高物流运营的智能化水平。接下来,我们将关注无人驾驶车辆和无人机在物流中的应用,探讨这些前沿技术如何改变传统运输模式,提升配送效率和灵活性。最后,我们将探讨物流自动化对可持续性和环境的影响,分析如何通过绿色技术和环保措施,推动物流行业实现可持续发展。通过对这些创新技术的深入分析,我们将勾勒出未来物流行业的发展蓝图,为企业和政策制定者提供有价值的参考。

人工智能在物流自动化中的应用

一、人工智能在物流行业中应用

人工智能(artificial intelligence,AI),是人类智能理论、方法、技术及应用系统的一项新技术,是指运用普通计算机程序来显示人类智能。随着智能技术的不断进步,人类的工作也逐渐随之改变,重复性工作,简单的智力劳动,比如数据录入、文字表述、货物搬运、车辆驾驶等,在不久的将来就会被人工智能彻底取代,这不仅会给各行各业带来重大变化,而且会给各行业带来技术升级、成本降低、效率提高等一系列的效益。物流业也将是最大的受益对象之一,智能化的物流设备、智慧化的物流管理等,必将在今后的物流业中迅速发展,促使物流业全面进入智慧物流时代。

（一）人工智能技术的发展历程

"人工智能"被认为是一种可以"复制和超越人类智力"的技术，它将会给整个人类社会带来革命性的变化。自 1946 年第一台计算机 ENIAC 问世以来，人类就一直在向"人工智能"迈进。1956 年约翰·麦卡锡与其他科学家启动了"达特矛斯的 A 暑期项目"，提出了"人工智能"这一概念，使得 AI 学科正式诞生。1964 年，美国麻省理工学院教授约瑟夫·魏鲍姆开发出了 Eliza——全球的第一个聊天机器人，它可以帮助医生去询问病人的病情。之后，随着博弈论、统计学、神经科学、机器人学等学科的发展，使 AI 得到了快速的发展，而它的关键研究也变得越来越清晰：怎样才能像人类一样学习、沟通、感知、移物、使用工具和操作机械等。在过去的数十年里，人们不断地进行着各种各样的尝试和探索，如今的 AI 在许多方面都已经超过了人类，比如在 2016 年 AlphaGo 战胜韩国的李世石时，全世界都为之震撼，人工智能在影像辨识、声音辨识、资料发掘与解析、自动化等各领域，都显示出了不输于人类的智力，极大地解放了人类的双手，提升了人类的生产力。到了被称为 AIGC 元年的 2022 年，可以进行互动聊天，甚至可以创作写作的 ChatGPT 的出现更令无数人震惊，并且很快就吸引了数量巨大的用户去使用体验，人工智能的发展又开启了一个新的纪元。

（二）人工智能在物流行业的应用现状

在物流领域，人工智能技术也在逐步得到应用，而且给物流产业带来了更高的效率和更高的经济效益。比如在亚马逊，人工智能技术已深入采购、储存、运输、信息技术、智能控制等各个领域；而我们国内的京东物流、菜鸟、顺丰等物流企业也都在积极地尝试着将人工智能技术运用到业务中去。

1. 人工智能在客户服务中的应用

现在不论是通过 PC 端还是手机端，不论是通过语音还是文字，消费者不论是在寻求售前、售中还是售后服务时，都避免不了遇到 AI 客服。在消费者还没有提出问题时，它就通过海量数据分析预设出了不少典型问题，并且给出了详细的解答，同时做到了发音清晰、文字通顺、表达流畅、回答专业。对于消费者来说，解决了人工客服数量不足、等待时间过长以及沟通过程中容易出现不良情绪等问题；对于企业来说，解决了人工客服压力大、咨询问题重复度高、咨询效率低等问题。再加上 AI 客服可以做到全年 365 天、全天

24小时在线，对于交易双方来说都是方便、快捷的沟通方式。因此，目前AI客服已在不少物流企业上岗，是人工客服的重要补充，但是AI能回答客户和处理的问题仍然有限，对于复杂问题的理解还不够准确，对客户的情绪还不能精准判断，有时单调重复的回复还会给客户带来不好的体验，甚至让客户怨声载道，影响了客户关系。

2. 人工智能在货物配送中的应用

无人机配送是一种不受地形、交通和人员限制的运输模式，随着市场竞争的加剧和即时配送需求的不断增长，无人机配送也成了国内外不少企业竞相布局的一个新赛道。2013年12月，亚马逊推出了Prime Air的"无人送货"服务，并且还定下了在2023年底之前要完成10万次无人机送货的目标。在国内，2013年顺丰就在东莞进行了无人机测试，2015年京东确立了无人机项目，并且规划了干线、支线、末端配送的三级无人机物流网络；美团从2017年开始研究无人机配送，在2021年完成了首笔无人机配送订单，2022年又投资1000万元在深圳成立了低空物流科技有限公司，主营无人机配送。2023年7月，美团发布了第四代无人机，而且已落地了无人机航线15条。除了无人机，无人配送车的布局也竞争激烈。2020年9月阿里的"小蛮驴"诞生，2021年"双11"期间350多辆"小蛮驴"进入全国多所高校为师生提供省时省力的快递配送服务。京东也早在2016年就开始研发智能快递车，2021年京东无人配送车在江苏常熟正式运营，2023年6月天津市河北区开放了19.8公里的道路供京东无人配送车运营。

3. 人工智能在仓储管理中的应用

仓储是物流的重要环节，对于整个供应链的效率、客户体验等都起着非常重要的作用。京东、菜鸟、百世等物流企业多年来一直在仓储的自动化、智能化方面不断探索，京东的"亚洲一号"仓库就是其中的代表。"亚洲一号"智能仓库中大量使用了京东自主研发的AGV"地狼"搬运机器人，它承重可达500公斤，具有自主导航、感知环境、识别容器、一键归巢等功能，实现了高效率的货到人拣选，不仅大大提高了拣选作业的准确率和效率，还大大降低了员工的劳动强度和成本。而与它类似的"小黄人""小橙人"等搬运机器人已大量地在菜鸟、申通、邮政等企业的仓库、分拣中心使用，这些机器人的使用使分拣环节减少了70%的人力劳动。在"亚洲一号"智能仓库里还有六轴协作机械臂，它利用了3D视觉识别技术实现了货物的自动拣选，解决了人工拣选效率低、强度大、错误多、损耗大等问题。截至目前，京东的"亚洲一号"除了以上智能化设备，"天狼"机器人、智能叉车、自动分拨墙、自动打包等设备也大量使用，而仓库的"智能大脑"——智能仓储系统可以实现每秒数十亿次运算，让这些智能设备协同运作，比起普通的仓储系统，工作效率提升了3倍不止。

（三）人工智能在物流领域的实际应用价值

作为企业的第三利润源，物流创造的时间价值、空间价值，提供的增值服务越来越被企业重视。作为提供专业化服务的物流企业要适应市场的需求，解决客户的痛点难点问题，打通市场的堵点问题，就要把先进的理念、一流的技术、精益的管理运用到经营管理中，人工智能作为新一代信息技术在物流行业大有可为。

1. 客户关系的便捷管理

客户关系是企业最重要的关系。全面掌握客户信息，随时响应客户需求，及时提供客户服务，精准预测客户行为是每个物流企业努力的目标；信息的管理与维护、客户画像的绘制和客户的个性化定制，将会对客户的体验和客户的满意度产生必要的作用。目前使用的客户关系管理系统中还有大量需要手动操作的流程，人工智能技术可以使这些简化操作甚至完全自动化完成。而先进的智能订单则基于影像辨识技术与大数据的综合运用，可以更有效地管理从下单到结单的整个过程，使得整个过程的资讯更为即时、精确。智慧营销系统则是基于大数据分析、知识积累和深入调研的智能化购物系统，它又通过消费者行为习惯分析、市场分析等为消费者提供了更优的购物指导和决策。AI客服是基于语音识别、逻辑推理、语音生成等新技术，可以为客户提供售前、售中、售后咨询，24小时不间断地为客户解决问题，可以有效解决人工客服不足的问题。这些技术的使用，使客户关系的管理变得更加便捷、高效、精准，让企业在激烈的市场竞争中占得先机。

2. 供应系统的科学构建

采购供涉及环节较多、过程较长，也是物流企业的业务起点和供应保证，还是影响资金使用效率的重要环节。因此，科学采购、高效收货和质量检验、智能财务管理等，可以有效地提高供应的工作效率，减少运营费用。通过人工智能的图像识别、大数据分析和深度学习等技术，对采购中的历史数据进行分析、挖掘，寻找采购过程的内在规律，制订一个科学的采购计划，做到适度采购，适时采购，使得在满足客户需求的条件下，采购资金高效使用。在货物入库时通过识别技术，可以快速地统计出商品的种类和数量，同时运用影像技术、专家系统能快速、有效地对商品进行品质判定，这样不仅能提高验收的速度，而且可以实行全方位的商品品质检验，防止因抽样不足而产生的质量问题；验收完成后再使用无人驾驶技术、自动立体仓库系统将采购的货物快速搬运、自动上架，整个入库过程会变得更加快速、高效。因此，运用人工智能技术不但可以减少验收人数、验收时间，提高验收工作质量，节约经营费用，而且通过数据分析、预测可以大大提高整个供应系统的效率和质量，建立起一个经济高效的供应系统。

3. 储存拣选地高效精准

仓储、配送是物流的重要业务环节，仓配一体化是电商物流、供应链管理等物流企业的典型运营模式。随着市场竞争的加剧，各物流、快递企业纷纷推出当日达、次日达等配送服务，为此建立了数量众多的前置仓作为支持，京东在全国就拥有1000多座仓库，但是这些限时配送服务还必须有高效精准的储配体系，智能仓库的出现，将会给整个物流业带来变革。数据分析、图像识别、机器视觉、无人驾驶等人工智能技术的使用将仓储管理变得更加高效而精准。从货物入库开始，通过图像识别、数据分析、专家系统等技术快速验收，精准确定最优储位。货物储存期间利用电脑视觉、图像识别、无人机等技术，可以快速地清点品类和数目，比起手工盘点，更加高效，更加精准。利用数据分析、专家系统、自动立体化储存系统能实时监控库存情况，及时下达采购指令，并随时进行储位优化管理。当接到客户订单后，通过大数据分析，智能仓储系统下达排序最优的拣选任务后，自动分拣机器人、智能分拣车、自动分拣机等设备以及佩戴有智能眼镜或穿戴设备的人员会协同完成拣选任务，使得整个仓储过程精准而高效。

4. 运输配送的智能优化

运输是连接各物流节点的动脉，配送则关系到物流"最后一公里"的质量，两者相连不仅关系着整个物流从主动脉到毛细血管的畅通，也影响着终端用户对整个供应链的满意程度，单一的运输方式早已不能满足市场需求，但高效、快捷的多式联运又涉及多领域、多部门的协同，存在不小的难度。智能运输平台通过数据分析、预测，利用海量的数据处理能力，快速匹配不同的运输方式和运力，并且规划出最优的路线及更加实时可靠的解决方案。智能驾驶、无人驾驶技术不仅能为各种运输工具的司机提供更加可靠的保障，而且使运输的运营成本降低45%。而对于保温、冷藏等具有特殊功能的运输工具，则能实时监控温度、调节温度，保证货物新鲜。终端配送则要根据城市、农村及学校、商业区、住宅区等不同区域的情况和物流需求，运用智能化的物流设施与解决办法，从而有效地改善物流企业的"终端"服务品质和服务效能。利用AR智能眼镜可以为配送人员提供规划好的路线，快速寻找配送货物；在人员较多的住宅小区设置智能快递驿站，解决双方时间不对称问题，基于图像识别与数据分析的智能机器人可以为顾客完成送货服务。

二、机器学习在物流行业中应用

随着科学技术的不断发展，当今世界正掀起新一轮的产业革命。物流作为国民经济发展的基础产业和重要动脉，正面临着产业转型升级。传统的物流模式已不能满足人民日益增长的需求，物流正朝着自动化、智能化方向发展，智能物流的概念随之诞生。自动识别、人工智能、数据挖掘等技术为智能物流的发展提供了强大的驱动力。其中在人工智能的研究中，学习被认为是一个关键的特征，机器学习也成为人工智能的重要分支。通过研究和构建能够学习的系统，可以让机器更加智能。百度的无人驾驶、京东的无人配送车等，就是一个很好的证明，证明通过机器学习，人工智能系统能够达到更高的水平。

（一）机器学习与物流

1. 机器学习

机器学习作为人工智能领域的核心，它通过仿生学原理，模拟人类的思维，使计算机有了模拟、自主学习的能力。机器学习具有学习精度高，适应性强的特点。机器学习被广泛应用于各行各业，如金融、电子商务、医疗、交通、制造等领域。在机器学习中，根据学习任务的不同，可以分为监督学习、无监督学习、半监督学习和强化学习等。监督学习的训练数据包含类别信息。例如，在垃圾邮件检测中，训练样本包含电子邮件的类别信息：垃圾邮件和非垃圾邮件。在监督学习中，典型的问题是分类和回归，典型算法是LogisticRegresion、BP神经网络算法和线性回归算法。与监督学习不同，无监督学习在训练数据中不包含任何类别信息。在无监督学习中，典型的问题是聚类，代表算法有K-means、DBSCAN等。监督学习和无监督学习是两种使用较多的学习方法，而半监督学习是监督学习和无监督学习的混合体。强化学习又称为增强学习，是一种从环境状态到行为映射的学习，目的是使动作从环境中获得的累计回报（奖励）值最大。强化学习有一个很大的优势，它是超越人类的。在监督学习中，如分类问题，最好的结果就是人类的标注水平，这是一个上界。而强化学习可以在环境中探索，最终超过人类。

2. 智能物流

与传统物流相比，智能物流实现了由机器代替人力的模式转变。它采用条形码技术、无线射频技术（RED）、电子数据交换技术（EDD）、全球定位技术（GPS）、地理信息技术（EDD）等物联网技术，实现货物运输、仓储、配送、包装、装卸、搬运、流通、加工等环节的智能化操作，使货物从始发地运往目的地，满足客户的需要。智能物流具有自动化、无人化、信息化等特点，是当今现代物流的发展主要趋势。

（二）机器学习在智能物流研究中的应用

1. 机器学习在智能仓储研究中的应用

仓储是对货物进行储存、保管，是连接生产、供应、销售的中转站。仓储现代化对降低物流成本，提高物流效益具有重要意义。近年来，仓储无人化、自动化，已经成为众多物流企业发展的一个趋势。京东新建的"亚洲一号"仓库，应用自动化立体仓库，对货物进行自动存储、自动分拣，大大提高了货物的出入库效率。在智能仓储中基于机器学习的智能分拣系统、智能仓库规划选址，一直是学者们研究的重点。

2. 基于机器学习的智能分拣系统

随着电子商务的发展，中国已经迈入世界超级快递大国。根据全国邮政管理工作会议统计，2022年中国快递业务量累计完成1105.8亿件，平均每天产生3亿件。如何对这些快递进行快速分拣，尤其是在每年的6·18、双11、双12等活动时，这成为当今快递业亟须解决的问题。目前对快件分拣主要采用手工分拣和机器分拣两种方式。手工分拣效率低下，而且差错率高；同时人工成本也高，直接增加物流成本。利用自动分拣机器人对货物进行分拣已成为目前一种发展趋势。分拣机器人对货物分拣成功与否主要靠三个因素：物体的类别、位置、坐姿。分拣机器人通过学习建立自动抓取系统，能快速精准抓取货物。

3. 基于机器学习的智能仓库规划设计

仓库的规划设计主要包括仓库选址和仓库布局。仓库的选址是一个复杂的过程，不仅要考虑地理位置、交通条件，还要考虑整个地区的经济条件、人口密度，而且各个因素还存在交叉的效果。面对众多符合要求的物流网点，选址正确与否直接关系整个物流公司后期的经济效益。另外，仓库布局的一个重要工作是确定合理的库存水平，库存合理化直接影响物流企业的仓储成本。随着市场经济的发展，消费者的需求也愈加随机、波动，为了满足消费者的偏好，获取竞争优势，企业需要不断调整产品特性。企业面临的数据呈指数化增长，无法挖掘有效信息，只能保持较高库存量，以避免缺货，结果导致企业物流成本过高。传统的方法已不能满足对此问题的研究，随着大数据、云计算等信息技术的发展，机器学习逐渐走进人民的生活。机器通过学习可以快速处理海量数据，作出正确决策。

（三）机器学习在智能运输研究中的应用

运输作为物流的重要功能，运输的速度直接关系整个物流的服务质量。运输智能化就是将先进的信息技术、计算机技术、数据通信技术、传感器技术、人工智能等学科成果综合运用于交通运输、服务控制和车辆制造，加强了车辆、道路和使用者之间的联系，从而使运输活动更准确、高效。在智能运输中机器学习主要应用于交通流预测与分析、车辆调度问题研究。

1. 基于机器学习的交通流预测与分析问题研究

随着城市化进程的加快，居民汽车拥有量不断增加，道路拥堵、交通事故时有发生。交通流量预测和分析作为智能交通领域中最重要的一环，直接决定了智能交通系统的性能表现以及适用范围。一个优秀的预测模型，不仅能使出行者合理地安排自己的出行方式，出发到达时间以及路线，节省不必要的时间浪费，提高工作生活效率。而且可以让政府服务部门及时了解和预测路况信息，对发生的道路拥堵和交通事故提早作出预判，节省社会负担，合理配置社会资源。传统的交通流量和出行时间预测模型主要集中在基础统计方法的应用上面。该类方法主要适用于样本数量小以及数据结构简单的传统型数据。然而随着数据采集能力攀升，以及人们对数据科学机器学习领域的不断提升的需求，传统预测方法对于数据量大、复杂度高的大数据问题，其表现会严重受制于数据噪声以及突发事件的影响。针对这些问题黄益德利用机器学习方法的特点，将装袋方法与提升树模型相结合，通过组合若干个复杂度不那么大的模型来降低泛化方差从而增强最终的交通预测效果。

2. 基于机器学习的车辆调度问题研究车辆优化调度问题

作为一个典型的 NP（Non-deteministie Polynomial）难题，应用纯粹的数学方法难以求解。随着智能优化技术的发展，越来越多的研究人员利用机器学习方法做出决策和判断，以使运输总费用降低，效益最大化。针对物流中的车辆路径优化等问题，学者们根据机器学习的特点，改进传统的求解方法。胡智超利用机器学习对电商平台用户的操作数据进行分析建模，设计了一种基于 K-medoids 动态聚类混合拓扑结构的粒子群算法，用以求解物流配送路径优化问题。该算法很好地跳出局部最优解，并快速收敛于全局最优解。

（四）机器学习在智能配送研究中的应用

物流的最后环节是配送，把货物安全、准时地交到客户手中，直接影响着客户的物流服务体验。然而进小区难、客服分散、送货时间冲突、农村物流落后等问题一直困扰着物流企业。近年来，无人机、无人车的研究一直成为社会的热点，他们的出现在一定程度上解决了"最后一公里"的难题。

1. 基于机器学习的无人机物流

说到无人机物流，很多人会认为规模化落地仍比较遥远。但事实上，近年来，顺丰、京东、美团等代表性企业已在多地开展了支线、末端无人机物流配送试点。特别是在医疗样本运输、生鲜配送等业务场景中，部分企业已经开始商业运营。无人机与其他大多数机器不同，它们可以高速穿越极其复杂的环境。加州理工学院的一个工程师团队开发了 Neumal-Fy，这是一种深度机器学习方法。它跟踪无人机着陆时的位置和速度，并修改其着陆轨迹和旋翼速度，以补偿旋翼从地面的反冲，实现尽平稳的着陆。

2. 基于机器学习的无人车

无人车即无人驾驶，给车辆装上各种各样的传感器，让它能够自己理解周围的环境。在遇到障碍物或行人时，它会选择最优路线，自动完成转弯、倒车退让等动作。无人车主要采用了机器学习算法，电控单元中的传感器数据处理大大提高了机器学习的利用率，也有一些潜在的应用，比如利用不同外部和内部的传感器的数据融合（如激光雷达、雷达、摄像头或物联网），评估驾驶员状况或为驾驶场景分类等。相比传统快递取件，无人车派送快递更具智能化、高效性。目前，无人车已经开始应用在人员流动性较大的酒店、写字楼、商场、学校。当无人配送车到达指定地点后，就会给收件人发信息。收件人只需通过手机扫码，就可以打开柜子取件，从而实现无接触智能配送。

无人驾驶车辆与无人机的物流应用

一、无人驾驶在物流流程中的运用

物流业作为融合运输、仓储、货代、信息等产业的复合型服务业，对于支撑国民经济的发展有着基础性、战略性和引领性的作用。加快发展现代物流业，就是降低产生物流费用企业的物流成本，实现企业物流的转型升级，从而有效地促进我国产业结构的调整，提高国民经济的竞争力。尤其是随着国家发展改革委对于企业在供给侧结构性改革中的五大任务中就明确地提出了要降成本。因此，作为企业在物流成本的运输方式方面如何进行优化，是降低成本的最有效途径之一。

（一）无人驾驶技术原理

所谓无人驾驶技术，就是在汽车或者飞机运输的过程中，不再像以前一样由专门的司机和飞行员驾驶，而是由一种智能汽车或者无人机，也被称作是移动的机器人来运输。它主要的运转原理是依靠内部的以计算机为主的智能驾驶仪来实现无人驾驶，从而节省了人工成本。它是电子信息化和计算机技术高度发展和应用的产物，通过强大的软件处理系统对路面进行分析判断，从而实现对无人汽车或者无人机在行驶速度和方向上的操控。因此，如果这能在物流行业中被利用，将会大大地降低物流的成本。

（二）无人驾驶技术在物流市场的优势

1. 直线距离最短

无人驾驶技术中不仅包括无人驾驶汽车，还包括无人机。在物流行业运用无人驾驶技术，尤其是无人机，在空中的飞行路线是直线，距离最短，不受地形等的限制，也就拥有更多的自由，在速度上可以更快。这种差别在偏远的山区更加明显，在时间和效率上能比在路面上的形式和运输有更大的提升,平时需要40分钟才能完成的路程,在使用无人机运输后,时间可以节约到仅仅用十几分钟就可以完成。这避免了传统的快递配送在运输路线上的局限性,能够为客户提供更高时效的配送物流服务。

2. 运营成本较低

普通的、传统的物流运输,由于采用的是人工驾驶进行运输,在遇到一些行政村分布区域比较分散的时候,每个投递点都得跑遍,绕来绕去多走了几百公里,有时候路途较远,时间上来不及,物流投递的成本非常高。而采用无人驾驶技术之后,在人工成本上运营成本较少,而在运用到无人机后,这种效果更加显著。无人机可以避免对分散区域的来回重复路线运输,尤其是针对偏远地区、运载效能需求较低的应用场景,无人机都具有较强的运营成本优势。

3. 运输效率高、速度快

无人驾驶技术主要是通过对体内的计算机智能系统来进行操作,从而实现对于物流运输过程中路面以及车速的控制。因此,可以有效地避免一些人为因素,比如司机的疲劳及司机的驾驶水平的限制所造成的行驶速度和安全方面的影响。因此,在运输效率和运输安全上更加有保障。而且智能系统对路面的准确把控也可以避免传统物流运输中由于司机对路面的不熟悉造成在行驶速度上的忽快忽慢,进而影响投递效率。如果使用无人机,效果会更好更快。无人机不仅在速度上有着不可超越的高度,而且提高了空间的使用效率,避免了出现堵车的风险,因此运输的效率会大大地提高。

4. 适用于小批量,高频次的运输

小批量、高频次的运输是快递物流的关键特征,而快递物流又是物流行业的重要组成部分。在快递运输中使用无人驾驶技术,可以避免载重过大造成司机技术上的难度增加,或者由于高频次的运输造成的司机疲劳以及司机在轮班人数上的增加,从而引起人工运输成本的增加。而使用无人驾驶技术则可以避免这种风险,不仅在效率上大大提高,而且在成本上有着明显的优势,随着网购的狂潮和快递业的蓬勃发展,快递在物流运输这一块的规模也会越来越大。因此,在物流行业采用无人驾驶技术有着充分的优势。

（三）无人驾驶技术在物流市场中的劣势

1. 初始投资成本较高

无人驾驶技术还处于研究阶段，没有在市场上进行大规模的运营和投放，尤其是物流行业还没有完全使用，应用的成熟度还不是很高。而且无人驾驶技术工作原理所依靠的各种传感器电池、电机以及智能系统等硬件成本都非常的高，这就使得无人驾驶设备的采购成本居高不下，物流运营单位或者有物流运输的企业在进行物流方式的选择时，通常会受到价格的影响，而这也是首要考虑的因素。虽然在未来长久的运用中会降低成本，提高效率，但是，初始投资成本的高昂会让许多企业望而却步。

2. 电池持续时间短，载重有限

目前，市场上的无人驾驶汽车和无人机大多是以电池为储能介质的，与传统的汽油或者化石燃料相比，其储能的效率相对较低，无法满足长远的路程和空军飞行的要求。现行的无人驾驶能持续的时间大都在几十分钟左右，因此这就限制了无人驾驶所能服务的物流范围。而且无人驾驶由于在技术上还在起步阶段，不是很成熟，大多在运输的过程中稳定性较差，例如一旦出现故障，则无法通过后台进行维修的情况也是时有发生，这就大大地影响了正常的物流运输，从而降低了效率。此外，目前的无人机体型普遍较小，因此货物的承重十分受限制，这也会使它在物流行业中的运用和推广受阻。

3. 容易受到天气的影响

无人驾驶不同于人工驾驶，主要依靠的是体内的一套智能系统的感应从而进行对设备的把控。但是，电子计算机设备和系统也容易受到天气的干扰从而造成信号的减弱，导致智能系统感应不准确，进而导致在运输过程中安全隐患的增加。甚至会因为出现突发的天气状况造成设备的故障而无法继续进行运输，这就会影响物流的效率，而且会增加物流行业的成本。特别是在无人驾驶中使用无人机，那受天气的影响更为敏感。由于天空的特殊性，其环境更加地变幻莫测，由可见的风、雨、雪、雷、雾等大范围的天气因素，到仍然困扰无人机的晴空风切变、突发气流等难以预见的情况。都让天气因素对无人机的使用产生了较大的影响，这种局限性在短期内难以突破。

4. 国家监管较为严格

由于无人驾驶技术还处在不成熟的阶段，因此，目前在物流行业要进行无人驾驶技术，受到的监管是比较严格的。首先，国家已经限定了无人驾驶汽车以及无人机所能行驶的固定区域和范围，并且要提前数日进行申请的提交，只有申请审核通过之后，才可以进行下一步的运输计划。其次，对于无人驾驶智能系统的操作员必须进行严格的培训，熟练地掌握对智能系统的操控并且在无人驾驶运输的过程中进行实时的监控，保障无人驾驶机的安全运行。最后，目前国家没有相关的法律法规对无人驾驶在物流运输中应注意的一些事项以及规则等进行管理和约束，因此只是交通运输部门的监管力度比较大，而随着无人驾驶技术在降低物流成本中的优势和作用越来越明显，相信以后也会出现相应的法律法规来对其进行约束和管理。

（四）未来无人驾驶技术发展的前景和机遇

1. 行业发展迅速，技术进步快

随着人工智能以及计算机技术的不断发展和进步，未来无人驾驶技术存在的劣势肯定会进一步被弥补，从有人驾驶到远程操作再到无人驾驶，未来无人驾驶技术在物流运输行业的作用肯定会越来越大。与此同时，随着储能技术的不断升级，无人机在电池持续能力、荷载能力上将会进一步提高，劣势会逐渐避免，而优势又将日益突出。所以无人驾驶行业整体发展迅速，在未来物流中的运用前景也会进一步地扩大。它的运用能够帮助物流企业大大地节省了开支，降低了成本，取得了更大的经济利益，因此将受到物流行业的普遍推崇。

2. 硬件成本进一步降低

无人驾驶技术之所以得不到推广和应用，主要原因是成本过于昂贵导致的价格较高，物流企业难以接受，而成本的关键点集中在智能设备的运用上。随着相关传感、智能控制系统以及其他相关设备的大规模使用，无人驾驶技术的硬件成本将会进一步地降低，尤其是在物流行业中存在着大量且大规模使用无人驾驶技术的企业，将会使无人机技术在市场活力和运用规模上进一步扩大。市场上广泛的应用率将会直接导致无人驾驶技术的设备成本降低，而成本的低廉又会反过来刺激物流市场的运用，这两者相互作用，相互促进。

3. 农村物流、电商市场的巨大潜力

随着国家对农村经济的大力发展和新农村建设力度的增强，农村的经济得到了快速的发展，农民的物质生活水平也得到了很大的提高。这就促进了

农村物流市场的扩大和农民电商网购交易量的增大,而农村市场巨大的物流运输潜力也刺激了物流行业的发展。但是,由于农村地处偏远,地形复杂多变,有的时候送件量小,路途遥远,用传统的运输方式成本高昂。而且,物流成本主要在于"最后一公里"的配送环节,这是很多物流行业的运输痛点。但是使用无人驾驶技术尤其是无人机后,可以很好地解决这一痛点。由于农村的交通基础设施不完善,因此无人机配送将在农村物流运输中大显身手。并且由于物流的成本问题,农村的电商很难得到大规模的发展,但是无人机的运用和发展将为农村的电商行业带来了新的机遇。无人机可以直接从仓库送往农村,省去中间的车辆换乘、司机等成本,解决了"最后一公里"的运输痛点。

4. 终端客户的新要求

随着时代的发展,速度和服务将会是物流行业提升物流价值的切入点。除了干线通道的建设之外,末端的配送速度将是物流发展的另一个"瓶颈"。而未来使用无人驾驶技术之后,会通过智能系统的操作实现对驾驶速度的提升,从而提升时效,争取在最短的时间内将客户的物品和货物送达,满足终端客户的需求,这是物流行业生存和发展的立身之本,只有客户的满意才能促进物流行业的长远立足。

随着物流行业的不断发展,降低成本是其保持经济利益的必要途径。而运输方式的选择对于物流成本有着至关重要的影响。本节通过对无人驾驶技术的原理以及优缺点的分析和探讨,包括从运输时效、运输成本以及市场方面进行分析,从而得出了无人驾驶技术在物流运输中尤其是在降低物流成本方面所发挥的重要作用,以及在未来的物流行业中所具有的广阔的运用前景和巨大的市场潜力。

二、无人机在物流流程中的运用

(一)物流行业的现状与挑战

当前,全球物流行业正面临日益增长的运输需求和消费者对快速交付的期望。然而,传统的物流模式在效率、成本和环境影响方面存在限制。城市拥堵、运输成本上升和碳排放问题已成为行业迫切需要解决的难题。这些问题不仅影响了物流企业的利润率,也对环境和社会造成了负面影响。在这样的背景下,寻求创新的物流解决方案变得尤为重要。

（二）无人机送货的潜力与重要性

无人机送货在物流中的应用被认为是解决传统物流痛点的重要创新。无人机配送通过利用空中通道，能够有效绕过拥堵的地面交通，尤其在大城市和交通繁忙的地区，能够显著减少运输时间。此外，在偏远和难以到达的地区，无人机可以克服地形障碍，实现快速、高效的物资运输。这些能力使得无人机在紧急医疗物资、重要文件和电商小件包裹的配送中具有极大的优势。

无人机的运行成本相对较低，主要体现在其能源消耗和维护成本方面。无人机通常使用电池供电，相比传统燃油车辆，运营成本更低且更加环保。电池驱动的无人机在运作过程中不会产生尾气排放，对环境的影响较小。此外，无人机的维护成本相对较低，结构简单、易于维修，减少了长期运营的费用。这些因素使得无人机配送在经济和环境方面均具有显著优势，能够为物流企业带来显著的成本效益和环境收益。

社会接受度也是无人机配送推广的重要因素。公众对无人机在安全性、隐私保护和噪声等方面存在顾虑，需要通过有效的信息沟通和严格的安全保障措施，逐步提升社会对无人机配送的信任度。物流企业可以通过试点项目和公众参与，提高公众对无人机配送的认知和接受度。

无人机送货在物流中的应用具有巨大的潜力和重要性，能够有效解决传统物流的痛点，提高物流效率，实现经济和环境的双重收益。然而，技术、法规和社会接受度等方面的挑战需要逐步克服。通过不断地技术创新、法规完善和社会推广，无人机配送将逐步成为未来物流体系中不可或缺的一部分。

（三）无人机物流的优势分析

1. 提高物流效率与速度

无人机在提高物流效率和速度方面的潜力不可小觑。相比传统的地面运输方式，无人机能够直接飞往目的地，避免了道路交通的限制和拥堵。在多项研究中，无人机送货的平均速度被证明是标准货运方式的两倍甚至更高。一项研究指出，无人机送货在城市环境中的平均速度可达每小时 40~60 公里，而传统快递车辆的速度仅为 20~30 公里/小时。此外，无人机在递送小件货物时更为高效，可以实现快速多点配送，这在城市密集区尤为重要。

在实际应用中，无人机的高效率已经得到了验证。例如，亚马逊的"Prime Air"项目展示了无人机在快速配送中的巨大潜力。在测试中，无人机成功地在30分钟内完成了货物递送，大大缩短了传统递送方式所需的时间。同样，UPS也开始测试无人机用于医疗样本的快速运输，这一举措在时间紧迫的医疗场景中尤为关键。

2. 成本节约与经济效益

从节约成本的角度来看，无人机送货具有显著的经济效益。无人机的运营成本低于传统运输方式，主要是因为它们消耗更少的燃料并且减少了人力需求。根据一项研究，无人机递送的成本仅为同等货物用汽车递送成本的一小部分。无人机在提高运输效率的同时减少了物流公司的运营成本。例如，谷歌母公司Alphabet的Wing项目，在澳大利亚进行的一项试点项目中，无人机递送的成本被证明比传统车辆递送低30%。这一成本效益不仅局限于货物运输，还包括在应急响应和医疗服务中的应用，无人机能够快速且经济高效地运送急需物资。

除了直接运输成本的节约外，无人机还通过提高整体物流效率间接降低成本。例如，在遭遇自然灾害或极端天气条件时，无人机能够绕过传统交通网络的阻碍，保证物资的及时送达，从而减少潜在的经济损失。此外，对于偏远地区或难以到达的地点，无人机提供了一种低成本的递送方式，这对于那些依赖航空运输的地区尤其有价值。

3. 环境影响与可持续性

无人机在物流领域的应用为实现可持续的运输方式提供了便利。相较于传统的汽车运输，无人机产生的碳排放量更低，这为减少物流运输对环境的影响，尤其是在城市密集区域的空气污染和噪声污染，提供了一个有效的解决方案。

一项关于无人机送货对环境影响的研究表明，对于小型包裹的递送，无人机比汽车更为环保，能减少60%以上的能源消耗和碳排放。这一发现对于推动物流行业的绿色转型具有重要意义。在持续增长的电子商务和即时递送需求的推动下，无人机递送作为一种低碳替代方案，有助于减少整个供应链的环境足迹。

无人机的应用还促进了新型物流网络的构建，这种网络以最小的环境影响实现高效的货物递送。例如，无人机可以与现有的公共交通系统相结合，形成一种多模式的物流解决方案，从而进一步提高能源效率和降低环境成本。

（四）无人机技术在物流领域的未发展趋势与前景

1. 技术进步的可能性

未来无人机技术在物流领域的发展前景，取决于无人机技术的进步。技术创新是推动无人机物流商业化的关键因素，包括更强的飞行能力、更高的载重量、更长的续航时间以及更精准的导航系统。例如，电池技术的突破，如固态电池的应用，预计将显著延长无人机的飞行时间，使得远距离运输成为现实。同时，人工智能和机器学习的发展将进一步优化无人机的飞行路径规划和自动避障能力，增强其在复杂环境中的适应性。

在实际应用方面，未来，无人机将配备更高级的传感器和通信系统，使其能够更有效地在城市环境中运作，并与其他运输方式协同工作。例如，无人机可以与地面交通工具结合，形成一种多模式的递送系统，以优化整体物流链的效率。

2. 无人机物流的市场潜力

无人机物流市场的潜力巨大，尤其是在快递、医疗和急救服务等领域。随着技术的成熟和法规的完善，无人机预计将在这些领域扮演越来越重要的角色。据市场研究，无人机物流服务市场预计将在未来几年内实现显著增长，尤其是在快递和电子商务行业。无人机的快速递送能力，使其成为电子商务巨头寻求快速、高效递送解决方案的理想选择工具。

除了商业运输外，无人机在应急响应和医疗物资运输方面的潜力也很大。在灾害响应和边远地区的医疗援助中，无人机能够迅速运送救援物资和医疗用品已成为一个重要的应急运输方式。

3. 对物流行业的长期影响

无人机技术的发展将对整个物流行业产生深远的影响。无人机将促进物流行业的效率化和自动化，降低运营成本并提高递送速度。无人机的应用将推动物流行业向更加环保和可持续的方向发展，特别是在减少碳排放和优化能源使用方面；同时，无人机将改变传统的物流模式和供应链结构，促使物流企业和零售商重新思考其传统的运营策略和客户服务模式。

总的来说，无人机技术的发展和应用将不仅会带来物流行业的效率革命，还将推动整个物流行业的创新和持续发展。随着技术的不断进步和相关政策的完善，无人机在物流领域的广泛应用即将成为现实，为物流行业带来前所未有的机遇。

未来，随着技术的进步和相关法律法规的改善，无人机在物流行业的应用将日益增多，特别是在提高运输效率、减少运营成本以及实现可持续发展方面。无人机物流不仅是技术创新的产物，也是物流行业应对现代挑战、追求高效与环保的重要方向。随着无人机技术的不断成熟和市场的逐渐扩大，预计未来无人机将在物流行业中扮演更加关键的角色，引领物流行业的未来发展。

可持续性与环境影响

可持续性与环境影响在现代物流和自动化技术的发展中扮演着至关重要的角色。随着全球环境问题日益严重，各国政府、企业和社会各界都在积极寻求可持续发展的解决方案。物流行业作为全球经济的重要组成部分，其环保和可持续发展对实现全球环境目标具有重要意义。

一、绿色物流

绿色物流是实现可持续发展的关键手段之一。通过优化物流过程中的各个环节，绿色物流旨在减少资源消耗和环境污染，提高效率。绿色物流的核心在于减少碳排放、降低能源消耗和实现废弃物管理。具体措施包括以下几个方面：

（一）优化运输路径

优化运输路径是实现物流行业绿色发展的重要策略。通过采用先进的路径优化算法和智能调度系统，物流企业可以显著减少运输过程中的空驶率和重复运输，从而降低燃油消耗和碳排放，提高整体运营效率。

路径优化算法在优化运输路径中发挥了核心作用。这些算法通过计算最优路径，帮助物流企业在多个运输点之间选择最短或最经济的路线。常见的路径优化算法包括Dijkstra算法、A★算法和遗传算法等。这些算法能够快速计算出从起点到终点的最优路径，避免无效路径的选择，减少运输过程中的无效行驶和重复运输。在配送网络中，路径优化算法可以帮助调度系统选择最优配送路线，确保货物能够在最短时间内，被安全、快速地送达目的地，从而减少燃油消耗和碳排放。

智能调度系统通过实时数据分析和动态调整，进一步优化运输路径。智能调度系统还能够实时监控车辆的位置、交通状况、订单需求等信息，并根据这些数据动态调整运输计划。在交通拥堵时，智能调度系统可以实时重新规划路径，选择畅通的道路，避免车辆在拥堵路段浪费时间和燃油。此外，智能调度系统还可以根据订单的紧急程度和客户需求，优先安排急需订单的配送，提高配送效率和客户满意度。

路径优化和智能调度系统的结合，能够大幅降低运输过程中的空驶率。空驶率是指运输工具在没有载货的情况下行驶的比例。高空驶率不仅浪费燃油，还增加了碳排放。通过路径优化和智能调度系统，物流企业可以最大限度地减少车辆的空驶率。因为智能调度系统可以优化车辆的装载顺序和路径规划，确保每次运输都能最大限度地利用车辆的载重量，减少空驶率。此外，路径优化算法可以帮助调度系统在调度车辆时，尽量选择能够进行回程载货的路线，从而进一步降低空驶率。

优化运输路径不仅有助于降低燃油消耗和碳排放，还能提高物流企业的经济效益。燃油成本是物流企业的重要成本之一，优化运输路径能够显著减少燃油消耗，降低运输成本。同时，减少碳排放也有助于企业履行社会责任，提升企业形象和竞争力。在环境保护日益受到重视的今天，物流企业通过优化运输路径，实现绿色物流，不仅有利于企业的可持续发展，也有助于整个社会的绿色转型。

优化运输路径是实现物流行业绿色发展的关键手段。通过采用先进的路径优化算法和智能调度系统，物流企业可以显著减少运输过程中的空驶率和重复运输，从而降低燃油消耗和碳排放，提高整体运营效率。路径优化算法能够快速计算最优路径，避免无效行驶和重复运输；智能调度系统通过实时数据分析和动态调整，进一步优化运输计划，确保货物能够快速、安全地送达目的地。优化运输路径不仅有助于降低燃油成本和碳排放，还能提高物流企业的经济效益和社会责任，推动整个物流行业的绿色转型和可持续发展。

（二）使用环保车辆

推广使用电动汽车、氢燃料电池车等清洁能源运输工具，可以显著减少传统燃油车的使用，从而降低温室气体排放，提高环境质量，推动绿色物流的实现。

电动汽车在物流运输中的应用具有明显的环保优势。电动汽车使用电力驱动，不会排放尾气，能够有效减少二氧化碳、氮氧化物和颗粒物的排放。随着电池技术的进步和充电基础设施的完善，电动物流车的续航能力和充电速度逐渐提升，适用范围也不断扩大。在城市配送和短途运输中，电动汽车已经成为一种最优的选择。一些电商和快递公司已经开始采用电动货车进行城市内的包裹配送，不仅减少了城市污染，还降低了噪声污染，提高了城市生活质量。

氢燃料电池车作为一种清洁能源车辆，在物流运输中也展现出巨大的潜力。氢燃料电池车以氢气为燃料，通过化学反应生成电能驱动车辆，排放物只有水，对环境没有污染。相比电动汽车，氢燃料电池车具有更长的续航里程和更快的加氢速度，特别适合长途运输和重载运输。尽管目前氢燃料电池车的推广还面临氢气供应和基础设施建设的挑战，但随着技术的发展和政策的支持，这些问题有望逐步解决，未来氢燃料电池车将在物流运输中发挥越来越重要的作用。

使用环保车辆不仅有助于减少温室气体排放，还能显著降低物流企业的运营成本。虽然电动汽车和氢燃料电池车的初始购买成本较高，但其日常运行成本远低于传统燃油车。电动汽车的电力成本低于燃油成本，且维护保养费用较低，因为电动汽车结构简单，磨损部件少。氢燃料电池车的氢气成本也有望随着技术进步和规模化生产逐步下降。因此，从长远来看，使用环保车辆可以为物流企业带来可观的经济效益。

许多国家和地区已经出台了相关政策，鼓励物流企业采用清洁能源运输工具。一些国家通过提供购车补贴、减免税收和建设充电设施等方式，促进电动汽车和氢燃料电池车的普及。政府还可以通过制定排放标准和限制燃油车使用等措施，推动物流企业转向环保车辆的用。

推广电动汽车和氢燃料电池车等清洁能源运输工具，可以有效减少传统燃油车的使用，降低温室气体排放，提高环境质量。电动汽车在城市配送和短途运输中的应用前景广阔，氢燃料电池车在长途运输和重载运输中具有巨大潜力。尽管初期成本较高，但环保车辆在长期运行中能显著降低运营成本。政府的政策支持和基础设施建设是推广环保车辆的关键，能够推动物流行业向可持续方向发展，创造更绿色的未来。

（三）提高装载效率

提高装载效率是物流行业实现可持续发展的重要手段之一。通过优化装载和包装，可以显著提高运输工具的装载率，减少单次运输的能耗，进而降低物流成本和环境影响。

优化装载效率能够显著减少运输工具的空驶率和不必要的运输次数。传统的装载方式往往存在装载不均、空间浪费等问题，导致运输工具的装载率偏低，增加了运输的频次和能耗。通过采用智能装载系统和优化算法，可以精确计算货物的尺寸、重量和形状，合理规划货物的摆放位置和装载顺序，提高货物的紧凑度和装载率。3D扫描和数据分析技术可以快速获取货物的尺寸信息，并生成最佳装载方案，最大限度地利用运输工具的空间，提高运输效率。

合理的包装设计不仅能保护货物，还能减少包装材料的浪费和运输过程中的损耗。通过使用可折叠、可堆叠和模块化的包装设计，可以有效减少包装体积，提高货物的装载率。电商企业可以根据不同产品的特性，设计标准化的包装盒和托盘，便于仓储和运输中的装载和堆叠，以减少运输过程中的空隙和浪费。此外，采用环保材料和可回收包装，可以进一步降低包装对环境的影响，实现绿色包装。

提高装载效率还可以降低单次运输的能耗，减少碳排放和对环境的影响。运输工具的能耗与其载重密切相关，在相同的运输距离下，提高装载率可以显著减少运输工具的燃料消耗和二氧化碳排放。物流企业通过优化装载和包装，能够减少运输车辆的运行次数和行驶里程，降低整体运输能耗，提高物流的环保效益。快递公司通过集约化装载和优化线路规划，实现一次运输更多包裹，减少车辆的空载运行，提高运输效率和环保效益。

通过优化装载和包装，物流企业可以降低运输成本，提高运营效率。减少运输工具的空载和不必要的运输次数，还可以节省燃料、人工和时间成本，提高资源利用率和企业的竞争力。智能装载系统和优化算法的应用，可以减少人为因素的影响，提高装载操作的精确性和一致性，降低操作成本和错误率。

智能装载系统和优化算法的应用，能够提高装载操作的精确性和效率，降低运输成本和对环境的影响。政府和行业组织的支持和推动，将进一步提升物流企业在装载和包装优化方面的能力，促进物流行业的绿色转型和可持续发展。

（四）回收和再利用

回收和再利用是推动物流行业可持续发展的措施之一。通过建立物流包装材料回收和再利用体系，物流企业可以减少一次性包装材料的使用，降低废弃物的产生，实现资源的循环利用。这一体系能够鼓励客户和合作伙伴回收使用过的包装材料，并将其重新加工和利用，减少资源浪费和环境污染。此外，通过回收系统将使用后的包装材料进行收集、清洗、消毒和修复后重新投入使用，可以有效降低垃圾处理成本，减少对自然环境的破坏。政府和行业组织的支持在这一过程中也至关重要，通过政策法规、税收减免和技术推广等措施，可以推动企业积极开展回收和再利用工作，促进物流行业的绿色转型和可持续发展。

二、先进技术助力可持续发展

（一）物联网

先进技术助力可持续发展在物流行业的实施，不仅提高了效率，还在能源节约和环境保护方面产生了显著效果。物联网技术在这一过程中起着关键作用。通过物联网传感器实时监控物流过程中的能耗和环境数据，企业可以精准掌握能源使用情况，优化物流运作，减少不必要的能耗和排放。比如，物联网技术可以监控运输车辆的燃油消耗和驾驶行为，帮助企业调整驾驶策略和优化运输路线，从而降低燃料消耗和碳排放。

（二）大数据和人工智能技术

大数据和人工智能技术也在推动物流行业的可持续发展中发挥了重要作用。利用大数据和 AI 分析物流各环节的数据，企业可以发现能耗和排放的关键点，制定科学合理的减排措施。AI 技术可以通过对大量历史数据的分析，预测未来的需求变化，优化库存管理和运输计划，减少资源浪费。AI 可以优化配送路线，减少运输过程中的空驶和重复运输，提高物流效率，降低运营成本和环境影响。此外，AI 还能预测设备的维护需求，减少设备故障和非计划停机，提高设备的利用率和使用寿命，进而减少资源消耗和废弃物产生。

（三）无人驾驶和自动化设备

无人驾驶和自动化设备的广泛应用是物流行业迈向可持续发展的重要一步。无人驾驶车辆和自动化设备不仅提高了物流运作的效率，还减少了人力资源消耗和运营成本，降低了能耗和排放。无人驾驶卡车在高速公路上能够长时间高效运行，减少了人为操作带来的能耗和排放波动。此外，自动化仓储系统和机器人拣选系统通过精准控制和高效操作，优化了仓储和配送流程，减少了能源消耗和物料浪费。这些技术的应用，不仅提高了物流行业的运营效率，还显著降低了对环境的负面影响。

总之，先进技术在推动物流行业可持续发展方面具有不可替代的作用。物联网、大数据和人工智能技术可以帮助企业优化能源使用和物流运作，无人驾驶和自动化设备则提升了效率和减少了排放。通过不断应用和创新这些技术，物流行业将继续在提高效率的同时，致力于减少环境影响，推动全球可持续发展目标的实现。

三、供应链的可持续管理

供应链的可持续管理是实现物流行业整体绿色发展的重要环节。通过供应链各环节的协同合作，企业可以从生产、运输、存储到配送全过程，实现环境友好和资源节约。

（一）绿色采购

绿色采购是实现可持续发展和环境保护的重要举措之一，它要求企业在选择供应商时，优先考虑那些注重环保和可持续发展的供应商。通过这一策略，企业不仅可以降低自身的环境影响，还能推动整个供应链的绿色转型。

选择环保供应商意味着选择那些在生产过程中采用节能降耗技术、使用可再生资源和减少污染排放的企业。采购可再生材料或经过认证的环保产品，可以显著降低资源的过度消耗和环境污染。通过推动供应商采取绿色生产措施，企业能够间接地减少整个生产链条上的资源浪费和环境污染，促进企业可持续发展。

现代消费者越来越关注产品的环保性和企业的社会责任行为。通过绿色采购，企业可以提升品牌形象和市场声誉，满足消费者对环保产品的需求，增强市场竞争力。此外，绿色采购还可以帮助企业规避环境法规和政策的风险，避免因环保问题导致的法律纠纷和经济损失。企业作为供应链的重要环节，通过绿色采购可以影响上游供应商的生产行为，推动其采取环保措施。企业可以通过制定绿色采购标准和政策，要求供应商提供环保认证和环境管理体系证书，从而促进供应商改进生产工艺，降低对环境的影响。这种方式不仅可以改善供应链的整体环境绩效，还能形成良性循环，推动更多企业参与绿色生产和环保行动。

尽管初期需要投入更多的成本，但长期来看，绿色采购可以降低能源和资源消耗成本，提高生产效率。使用可再生能源和节能设备可以降低能源成本，采用环保材料和技术可以减少废弃物处理费用。同时，绿色采购可以减少环境风险和合规成本，避免因环境问题导致的处罚和赔偿。

为了实现绿色采购，企业需要采取一系列措施。首先，制定明确的绿色采购政策和标准，将环保和可持续发展纳入采购决策过程。其次，建立绿色供应商评估体系，定期评估和审核供应商的环保绩效，确保其符合企业的绿色采购标准。最后，企业可以与供应商建立长期合作关系，共同开展环保技术研发和推广，推动绿色生产技术的应用和普及。

绿色采购不仅有助于企业自身的可持续发展和市场竞争力提升，还能推动整个供应链的绿色转型和对环境的保护。通过制定和实施绿色采购政策，企业可以在实现经济效益的同时，履行社会责任，推动绿色经济的发展。

（二）全生命周期管理

全生命周期管理是一种系统的环境管理方法，旨在从产品设计、生产、使用到回收的整个生命周期中减少资源消耗和环境影响。通过全生命周期管理，企业可以实现更高的资源效率和更低的环境负担，推动可持续发展。

1. 设计阶段

在产品设计阶段，强调生态设计（Eco-design）和绿色设计。这一阶段决定了产品的大部分环境影响，企业可以通过选择环保材料、设计节能结构和减少有害物质使用来减少环境负担。使用可再生材料和可回收材料，可以减少对自然资源的依赖和废弃物的产生。设计节能产品，如低能耗家电和高效能汽车，有助于减少使用阶段的能源消耗。

2. 生产阶段

在生产阶段，全生命周期管理鼓励企业采用清洁生产技术和优化生产流程。清洁生产通过提高资源利用效率和减少污染物排放，降低生产过程中对环境的影响。企业可以通过优化生产设备、改进工艺流程、回收利用副产品和废弃物来实现清洁生产。通过水循环利用和废气处理系统，企业可以减少水资源消耗和大气污染。优化生产流程和减少物料浪费也有助于降低生产成本。

3. 产品使用阶段

在产品使用阶段，全生命周期管理关注产品的能效和使用寿命。企业可以通过开发高效节能产品和提供使用指导，帮助消费者减少能源消耗和对环境的影响。生产低能耗电器和节水设备，可以帮助用户在使用过程中节省能源和水资源。延长产品的使用寿命，通过维修和升级服务，减少产品更换频率和废弃物产生。

4. 产品回收阶段

在产品回收阶段，全生命周期管理强调循环经济和资源再利用。企业应建立健全回收体系，促进废弃产品的回收、再制造和再利用。通过回收利用，企业可以减少废弃物对环境的影响，降低原材料需求和生产成本。例如，电子产品制造商可以回收旧电子设备，通过再制造和再利用减少电子废物的产生。建筑材料回收再利用，可以减少建筑垃圾对环境的负担。

全生命周期管理不仅有助于减少环境影响，还可以带来经济和社会效益。通过提高资源利用效率和减少浪费，企业可以降低生产成本，提高经济效益。通过生产绿色产品和提供环保服务，企业可以提升品牌形象和市场竞争力，满足消费者对环保产品的需求。此外，全生命周期管理有助于企业遵守环境法规和政策，降低环境风险和法律责任。

为了实施全生命周期管理，企业需要建立相应的管理体系和制定措施。制定全生命周期管理政策和目标，将可持续发展纳入企业战略。开展全生命周期评估，分析产品的环境影响，识别改进机会。企业还应加强内部培训和宣传，提高员工的环境意识和技能。与供应链上下游企业合作，推动全生命周期管理的实施和推广。

全生命周期管理是一种系统、全面的环境管理方法，通过从设计、生产、使用到回收的全方位管理，企业可以减少资源消耗和对环境的影响，实现可持续发展。在全球环境挑战日益严峻的背景下，全生命周期管理为企业提供了重要的应对策略和发展方向。

（三）协同运输

协同运输是一种通过多企业、多模式合作来优化物流资源配置的运输方式。通过协同运输，各企业能够共享运输资源，提升运输效率，减少能耗和排放，实现经济效益和环境效益的双赢。

多企业协同运输可以显著提高运输资源的利用率。在传统的物流模式中，各企业通常独立进行运输，导致运输车辆空载或半载，资源利用率低下。通过协同运输，不同企业可以共享运输车辆和仓储设施，减少空载率。多个企业还可以共同使用一个配送中心，整合运输需求，减少车辆行驶的空载距离，从而提高运输车辆的装载率，减少运输成本和能源消耗。

多模式协同运输能够优化物流网络，提高运输效率。多模式运输指的是综合利用公路、铁路、水路和航空等多种运输方式，并根据运输距离、货物特性和时间要求，选择最优的运输组合方式。通过多模式协同运输，企业可以充分发挥不同运输方式的优势，降低运输成本和时间。对于长距离运输，可以优先选择铁路和水路等低成本、低能耗的运输方式；对于短距离和时效性要求高的运输，则选择公路和航空运输。通过这种多式联运方式，企业能够灵活应对物流需求变化，提高整体运输效率。

多式联运还能够减少碳排放，降低环境影响。通过优化运输路线和提高装载率，多式联运减少了单次运输的能源消耗和排放。此外，多式联运能够减少对高能耗、高排放运输方式的依赖，选择更加环保的运输方式。铁路和水路运输相比公路运输，单位货物的碳排放更低，多式联运可以通过增加铁路和水路运输比例，有效减少碳排放。在国际运输中，通过多式联运，企业可以减少不必要的中转和重复运输，降低国际物流的碳足迹。

实施协同运输需要企业间的紧密合作和信息共享。各企业需要通过信息技术平台实现运输需求和资源的实时共享和协调。使用物流管理系统（LMS）和运输管理系统（TMS），企业可以共享库存、订单和运输信息，实时调度运输车辆和仓储资源，提高协同运输的效率和响应能力。通过信息共享，各企业能够动态调整运输计划，优化运输路线和装载策略，降低物流成本和对环境的影响。

政府和行业组织在推动协同运输方面也发挥着重要作用。政府可以通过政策引导和激励措施，鼓励企业采用协同运输模式。通过税收减免、补贴和奖励政策，支持企业投资协同运输技术和设备。行业组织可以制定协同运输的标准和规范，推动企业间的合作与信息共享。欧盟在推动绿色运输方面，通过设立绿色物流奖项和认证体系，鼓励企业采用协同运输模式，减少运输过程中的碳排放。

协同运输通过多企业、多模式的合作，优化物流资源的配置，提高运输效率，减少能耗和排放，具有显著的经济和环境效益。通过信息技术平台的支持和政府政策的推动，协同运输模式在物流行业中将得到广泛应用和发展，助力可持续物流体系的构建。

四、政策支持与国际合作

政策支持和国际合作在推动物流行业的可持续发展中发挥了关键作用。

各国政府通过制定法律法规，提供财政支持和税收优惠，鼓励企业采取绿色物流和可持续发展措施。欧洲多个国家实施了碳税政策，迫使物流企业减少碳排放并采用清洁能源运输工具。政府还通过直接投资和补贴，支持研发和部署清洁能源车辆，如电动卡车和氢燃料电池车，推动物流行业向绿色方向发展。此外，政府政策的支持还包括制定和推广绿色物流标准和认证体系，鼓励企业优化物流流程、提高运输工具效率和使用环保包装材料，减少对环境的影响。

国际合作对于解决全球性环境问题至关重要。物流行业的可持续发展需要各国的共同努力，通过国际组织和跨国合作，制定统一的环保标准和规范，推动全球物流行业的绿色发展。国际海事组织（IMO）制定的《国际船舶防污染公约》（MARPOL），通过限制船舶排放、规范废物处理和加强环境保护措施，减少了海洋污染，推动了海运行业的可持续发展。国际航空运输协会（IATA）和全球物流和供应链管理协会（GLSCM）等组织也致力于推动跨国物流企业之间的合作，制定和推广绿色物流标准，提升全球供应链的可持续性。通过政策支持和国际合作，物流行业能够共享最佳实践和创新技术，从而推动物流行业在全球范围内的绿色发展，为全球环境保护作出重要贡献。

五、社会责任与公众参与

在实现可持续发展目标的过程中，企业应积极履行社会责任，透明化运营，接受公众监督。企业需要公开其在环保和可持续发展方面的努力和成果，通过年度报告、新闻发布和在线平台等途径，让公众了解企业在降低碳排放、节约能源和减少废弃物方面所采取的具体措施和取得的成效。透明化的运营不仅能提高企业的社会信誉，还能吸引更多环保意识强烈的消费者和投资者。同时，企业应建立有效的公众监督机制，鼓励公众和第三方机构对企业的环保实践进行监督和反馈，以确保企业的可持续发展政策和措施切实落实到位。

企业还应加强与公众的互动，通过宣传和教育，提高公众的环保意识和参与度。通过开展绿色物流宣传活动，企业可以向公众介绍环保包装、绿色配送和低碳消费等知识，鼓励消费者选择更加环保的物流和消费方式。企业可以在其官方网站和社交媒体平台上发布关于绿色物流的科普文章和视频，举办线上线下的环保主题活动，激发公众的环保意识和行动力。此外，企业可以与学校和社区合作，开展环保教育项目，培养青少年的环保理念和实践能力。通过这些努力，企业不仅能提升自身的社会形象，还能推动整个社会的绿色消费理念普及，形成全民参与环保的良好氛围，从而实现更广泛的可持续发展目标。

可持续性与环境影响在物流行业中具有重要意义。通过绿色物流、先进技术、供应链可持续管理、政策支持与国际合作以及社会责任与公众参与，物流行业可以实现高效与环保的双赢，为全球可持续发展做出积极贡献。随着技术的不断进步和社会各界的共同努力，未来的物流行业将会更加绿色、智能和可持续。

后 记

随着科技的迅猛发展，工业机器人和现代物流自动化技术已经成为当今制造行业和物流行业的重要支柱。通过《自动化革命：工业机器人与现代物流》一书，我们探讨了这场技术变革的各个方面，从历史起源到未来趋势，全面剖析了自动化技术如何深刻改变了全球的生产和物流体系。

本书的编写过程让我深刻体会到技术进步所带来的巨大变革。回顾工业机器人的发展历史，我们从早期的自动化设备起源讲起，了解了第一代工业机器人的设计与应用。这段历史不仅展示了技术的进步，更让我们看到人类在探索自动化领域中所付出的努力和取得的成就。

在此，我要感谢所有为本书付出努力的科研人员、技术专家和工业从业者，是你们的智慧和贡献推动了这一领域的不断前进。特别感谢那些在采访中分享经验和见解的专业人士，你们的洞察力为本书增添了许多宝贵的内容。

工业机器人和现代物流自动化的未来充满无限。我们期待在不久的将来，看到这些技术在更多领域和场景中的广泛应用，为人类社会的发展带来更多福祉和进步。让我们共同努力，迎接工业自动化的美好未来，踏上这场充满机遇与挑战的自动化革命之旅，共同迎接智能时代的到来。

《自动化革命：工业机器人与现代物流》不仅是一本详尽的技术指南，更是未来发展道路上的重要指引。无论是相关领域的专业人士，还是对自动化技术充满兴趣的读者，都希望本书能够为您带来新的启示和深刻的理解。愿我们在这场自动化革命中，共同探索、共同成长，共同迎接更加智能和高效的未来。

参考文献

[1] 魏进，闫春雨，闫雪原. 机器学习在智能物流研究中的应用进展与展望 [J]. 物流科技，2024，47（1）：70-72，77.

[2] 陈州. 基于RFID的自动化立体仓库管理系统的设计与实现 [D]. 杭州：浙江工业大学，2018.

[3] 吴吉明. 基于多传感器信息融合的物流机器人导航定位技术研究 [J]. 安阳师范学院学报，2019（5）：46-49.

[4] 高明. 人工智能在物流行业的应用与发展探讨 [J]. 全国流通经济，2023（17）：30-33.

[5] 史锦伟，李相林. 无人驾驶技术在降低物流成本中的应用前景分析 [J]. 中国商论，2018（12）：7-8.

[6] 杨萌. 移动机器人的应用现状及发展趋势分析 [J]. 玩具世界，2023（5）：9-11.

[7] 张宁恩，侯振，万莹. 智能仓储物流管理系统分析 [J]. 信息系统工程，2023（7）：24-27.

[8] 姜艳华. 自动化仓库系统建设实施与应用 [J]. 中国新技术新产品，2020（12）：15-16.

[9] 曾锐，朱梦婷. 新时代下智能物流发展现状及对策：以京东智能物流为例 [J]. 海峡科技与产业，2022，35（3）：46-49..

[10] 郑玉飞. 物联网背景下智能物流的发展分析 [J]. 中国储运，2022（8）：108-109.

[11] 毛福新，闫光辉，陈俏锐，等. 智能物流场景搬运机器人系统优化 [J]. 天津职业技术师范大学学报，2022，32（3）：40-46.

[12] 车梦凡. 基于机器学习的无人机图像目标识别算法研究 [D]. 金华：浙江师范大学，2021.

[13] 陈伟华. 社会环境的轮式移动机器人定位导航方法研究[D]. 广州：华南理工大学，2018.

[14] 丁日智. 浅谈无人驾驶汽车技术原理[J]. 科学中国人，2016（15）：31.

[15] 周洁. 智能仓储物流中机器人技术的应用与发展探讨[J]. 电子测试，2020（18）：115-116.